너희는 감동하라

| 에 스 라 강 해 설 교 |

너희는 감동하라

이동원 목사 저

압바암마

차례 contents

"너희는 감동하라"

우리 시대를 포스트모던 시대라 부릅니다.
파괴와 해체가 시대의 상징입니다.
다른 어떤 시대보다 더 많은 상처가 쌓인 때입니다.
이 시대를 변화시키는 키워드는 무엇일까요?
그것은 감동입니다. 우리는 지금 감동을 기다리고 있습니다.

에스라 시대, 하나님의 세상 경영 방법이 감동이었습니다.
그는 고레스를 감동하셨고, 에스라를 감동하셨습니다.
무엇보다 그 시대 하나님의 백성들을 감동하셨습니다.
무너진 성전이 재건되고 백성들의 마음도 재건되었습니다.

그래서 새 시대 새 역사의 마당이 열렸습니다.
하나님의 감동하심은 모든 벽을 뛰어 넘으셨습니다.
유대인과 이방인을, 권력자와 백성들을 함께 아우르셨습니다.
하나님의 성령의 감동은 모든 계층을 터치하셨습니다.
지금 우리는 그런 감동을 필요로 하고 있습니다.
그래서 우리가 다시 읽어야 할 책이 에스라서입니다.

모든 감동에 목마른 성도들에게 이 책을 권합니다.
모든 감동에 메마른 지도자들에게 이 책을 권합니다.
이 책의 묵상으로 다시 부흥을 경험하는 교회를 보고 싶습니다.
다시 성령 안에 하나 되는 민족을 보고 싶습니다.

이 책을 민족 평화의 제단, 민족 통일의 제단에 드립니다.

저자 이동원 목사

(지구촌교회 원로, 지구촌 목회리더십센터 대표)

EZRA

Part 1

하나님의
감동

에스라 1장 1-4절

◆ 에스라 1장 1-4절

¹ 바사 왕 고레스 원년에 여호와께서 예레미야의 입을 통하여 하신 말씀을 이루게 하시려고 바사 왕 고레스의 마음을 감동시키시매 그가 온 나라에 공포도 하고 조서도 내려 이르되 ² 바사 왕 고레스는 말하노니 하늘의 하나님 여호와께서 세상 모든 나라를 내게 주셨고 나에게 명령하사 유다 예루살렘에 성전을 건축하라 하셨나니 ³ 이스라엘의 하나님은 참 신이시라 너희 중에 그의 백성 된 자는 다 유다 예루살렘으로 올라가서 이스라엘의 하나님 여호와의 성전을 건축하라 그는 예루살렘에 계신 하나님이시라 ⁴ 그 남아 있는 백성이 어느 곳에 머물러 살든지 그 곳 사람들이 마땅히 은과 금과 그 밖의 물건과 짐승으로 도와 주고 그 외에도 예루살렘에 세울 하나님의 성전을 위하여 예물을 기쁘게 드릴지니라 하였더라

1. 하나님의 감동

/ 에스라 1장 1-4절 /

오늘 우리 시대가 기다리는 정치가가 있다면 한마디로 그는 백성을 감동시키는 지도자일 것입니다. 인도의 간디가 그런 지도자가 아니었나 싶습니다. 그는 조국 인도를 영국의 식민지 통치에서 해방시키기 위해 폭력을 배제한 비폭력운동과 시민 불복종을 선택했습니다. 그는 자신의 정당한 주장들이 사람들의 이기심으로 외면당할 때마다 단식하고 기도하며 사람들의 양심에 호소했습니다. 그는 모든 종파, 모든 파벌을 포용했고 지배자인 영국에게도 신사적으로 대응했습니다. 그는 노예들과 여성, 노인과 어린이들의 친구였습니다. 감옥과 법정이 그의 중요한 정치 무대요 정견 발표 장소였습니다. 그는 모든 계층의 사람들을 감동시키는 지도자였습니다.

한번은 그가 기차 여행을 하는 중 그가 신고 있던 샌들 하나가 기차 밖으로 날아갔다고 합니다. 그러자 간디는 즉각적으로 나머지 샌들 하나를 벗어 밖으로 던졌다고 합니다. "왜 그렇게 하시느냐?"고 묻자, 그는 조용히 미소 지으며 "누군가 가져다 쓰려면 짝이 있어야 하지 않겠느냐"고 답했습니다. 사람들은 그에게 이런 별명을 붙였습니다. '마하트마 간디(위대한 혼 간디)'라고. 그는 "나의 인생이 곧 나의 메시지다.(My life is my message.)"라는 유명한 말을 남겼습니다.

저는 간디가 모방한 운동의 방식이 성경에 나타난 하나님의 방식이었다고 믿습니다. 하나님은 전능하신 절대자이시지만 그는 자신의 힘을 과시하고 사람들의 마음을 강제하는 방식으로 세상을 경영하지 않으십니다. 그런 하나님이 인생들의 눈에는 때로 무능하고 무력한 신, 세상의 불의를 허용하고 마냥 기다리게만 하시는 하나님처럼 보이기도 합니다. 우리 민족은 일본의 식민지 통치에서 해방된 지 70주년을 지났습니다. 그러나 해방과 함께 초래된 남북 분단의 비극을 아직도 우리는 극복하지 못한 채 남북 대결의 안타까운 상황 속에서 해방 70주년이 지난 것입니다.

이런 역사적 시점에서 우리가 기대해야 할 유일한 희망이 있다면 저는 이 민족을 향하신 하나님의 감동하심이라고 믿습니다. 우리는 예배의 끝머리에 축도를 할 때마다 "이제는 우리 주 예수 그리스도의 은혜와 하나님 아버지의 사랑과 성령의 감동하심이 함께하시기를…"이라고 기원합니다(한국 한 초대 선교사는 '이제는' 대신에 '요새는' 이렇게 시작하여 웃음을 주었다고 합니다). 지금이야말로 이런 성령의 감동이 우리 민족 가운데 함께해야 할 때가 아닌가 싶습니다. 그것이 제가 에스라서를 함께 강해하고 묵상하고 싶은 중요한 이유이기도 합니다. 본문은 이스라엘의 회복을 위한 하나님의 감동하심의 차원을 보여주고 있습니다. 그 감동의 차원은 무엇일까요?

세속의 역사에도 관여하고 있습니다

흔히 사람들은 하나님의 일, 하나님의 사역을 교회 내의 사역으로 국한해서 이해하려는 경향이 있습니다. 그러나 하나님은 교회 안은 물론 교회 밖을 포함한 모든 삶의 영역의 주인이 되신 분이십니다. 그는 믿는 자들뿐 아니라, 믿지 않는 자들을 통해서도 일하시는 하나님이십니다. 문자 그대로 그는 만유의 주가 되시기 때문입니다. 본문이 기록되고 있는 때는 주전 440-400년 사이 어느 날이었습니다. 사건의 역사적 상황은 주전 538년부터 주전 438년까지의 시간입니다. 이스라엘 민족의 온전한 회복을 위하여 하나님의 감동하시는 사역이 어떻게 전개되고 있는가를 보여줍니다. 그는 우선 당대의 가장 힘 있는 통치자 바사 고레스를 감동시키심으로 당신의 일을 시작하셨다고 증언합니다. 본문 1절입니다. "바사 왕 고레스 원년에 여호와께서 예레미야의 입을 통하여 하신 말씀을 이루게 하시려고 바사 왕 고레스의 마음을 감동시키시매 그가 온 나라에 공포도 하고 조서도 내려 이르되"

당시 고레스는 우리가 생각하는 그런 믿음의 지도자는 아니었습니다. 역사는 그가 자신의 성공을 위해서는 어떤 신이든 찬양할 마음이 있었고 자신의 제국의 평화를 위해서라면 어떤 신의 축복도 구할 준비가 되어 있었던 왕이었다고 전합니다. 그는 그가 정복하는 정복지의 모든 신들을 인정하고 각 민족의 신앙을 존중하는 방식으로 제국의 질서를 유지하고자 하는 왕이었습니다. 그는 결코 유일신 신봉자가 아니었습니다. 그러나 하나님은 그런 왕도 쓰셔서 당신의 섭리를 이루고자 하신 것입니다. 우선 그를 감동하여 자기 백성 이스라엘의 70년 포로 생활에서 자유를 허락하십니다. 그것은 예레미야 선지자의 예언을 이루고자 함이셨습니다.

예레미야 29장 10절입니다. "여호와께서 이와 같이 말씀하시니라 바벨론에서 칠십 년이 차면 내가 너희를 돌보고 나의 선한 말을 너희에게 성취하여 너희를 이곳으로 돌아오게 하리라" 포로 생활 70년에 이스라엘 민족의 고통을 하감하시고 긍휼을 베푸시던 하나님이 이제 광복 70년, 그러나 아직도 민족 분단의 고통을 안고 사는 우리에게 이제 이 민족의 통일과 회복을 위한 주의 감동이 이 땅에 임하시기를 기도합니다. 이 일을 위해 필요하다면 동일하신 하나님께서 북의 김정은도, 중국의 시진핑도, 러시아의 푸틴도, 미국의 대통령도 감동하실 수 있는 하나님이심을 믿어야 할 것입니다. 그래서 중보기도가 중요한 것입니다. 나라와 통치자들을 위한 중보기도를 쉬지 말아야 할 이유가 여기에 있습니다. 하나님은 세속의 역사 한복판에서도 감동의 사역을 펼치시기 때문입니다.

하나님을 향한 예배를 회복하십니다

고레스를 향한 하나님의 감동은 포로에서의 자유와 시온의 땅에로의 복귀에서 그치지 않고 이제 파괴된 성전의 건축을 명하게 하십니다. 2절입니다. "바사 왕 고레스는 말하노니 하늘의 하나님 여호와께서 세상 모든 나라를 내게 주셨고 나에게 명령하사 유다 예루살렘에 성전을 건축하라 하셨나니" 역사가들은 아마도 고레스가 유대인들의 환심을 사기 위해서 이런 명을 내렸을 것이라고 진단합니다. 그러나 이미 1절에서 본 것처럼 성경은 그것이 하나님께서 고레스의 마음을 감동시킨 결과였다고 증거합니다.

그렇다면 성전이 건축된다는 것은 이스라엘 백성에게 어떤 의미를 갖는 것일까요? 그것은 단순한 건물 지음의 의미가 아니었다는 것을 우리는 주목해야 합니다. 거기서 하나님을 향한 온전한 예배의 회복이 이루어질 것에 대한 기대였던 것입니다. 물론 예배는 건물이 없어도 가능합니다. 그러나 아직 예수님이 오시기 전에 구약 제사에서 성소로서의 건물은 하나님과의 구별된 만남의 장소로서 하나님의 임재를 경험하고 그분에게 드려야 할 경배를 위해 아직도 필요 불가결한 것이었습니다.

중요한 것은 예배의 회복입니다. 이스라엘 회복의 우선순위는 예배의 회복이었던 것입니다. 예배가 회복되면 모든 것이 제자리를 잡아

갈 것입니다. 그래서 신약 로마서 12장에서 바울은 믿음으로 의롭다 함을 받은 그리스도인들의 새로운 삶의 우선순위를 영적 예배라고 말합니다. 로마서 12장 1절의 말씀, 기억하시지요? "그러므로 형제들아 내가 하나님의 모든 자비하심으로 너희를 권하노니 너희 몸을 하나님이 기뻐하시는 거룩한 산 제물로 드리라 이는 너희가 드릴 영적 예배니라"

구약의 제사나 신약의 예배에서 한결같은 핵심은 자신을 주께 드리는 것입니다. 우리가 주께 온전히 드려지지 않았을 때 어떻게 주께서 여러분과 저를 쓰실 수가 있겠습니까? 그리스도인은 무엇보다 예배에서 먼저 성공해야 합니다. 예배에 성공한다는 것은 하나님과 바른 관계가 설정되는 것을 의미합니다. 그것이 바로 그리스도인의 삶의 기본입니다. 예배를 등한시하는 사람은 결국 하나님의 인도를 경험하지 못하는 삶으로 표류하게 될 것입니다. 그러므로 청교도들에게 예배의 의무는 삶의 우선순위였습니다. 그들에게 주일에 하나님을 온전하게 예배하고 성도와 교제하며 선한 일에 힘쓰는 주일성수는 성화의 가장 중요한 방편이었던 것입니다. 예배가 무너지면 교회도 무너집니다. 예배가 무너지면 우리의 삶도 무너집니다. 유럽의 세속화는 그렇게 왔던 것입니다. 이 땅의 세속화도 그렇게 올 것입니다. 그렇다면 우리의 기도는 성령께서 다시 한 번 이 땅의 성도들에게 예배회복의 감동을 주시기를 기도하십시다. 우리의 진지한 예배가 회복되면 민족의 회복도 통일도 멀지 않을 것입니다.

하나님의 사람들을 헌신하게 하십니다

고레스를 향한 하나님의 감동은 이스라엘 백성들이 시온에로 복귀할 것과 성전 건축을 하도록 명하시는 데서 끝나지 않았습니다. 더 나아가 이 일에 대한 하나님의 백성들의 헌신을 요구하십니다. 불신자인 고레스가 하나님의 백성들에게 헌신을 요구한다는 것은 얼마나 아이러니한 사건입니까? 이것이 하나님의 유머이십니다. 3절을 읽겠습니다. "이스라엘의 하나님은 참 신이시라 너희 중에 그의 백성 된 자는 다 유다 예루살렘으로 올라가서 이스라엘의 하나님 여호와의 성전을 건축하라 그는 예루살렘에 계신 하나님이시라" 고레스는 이제 포로되었던 자리에서 자유함을 얻은 이스라엘 백성들에게 유다 예루살렘으로 올라가 성전을 건축하라고 명하십니다. 원한다면 고레스는 자기 힘으로 여호와의 성전을 건축하도록 도울 수도 있었을 것입니다. 그러나 자기 백성된 자들이 이 일을 감당해야 한다고 한 것입니다.

하나님의 일은 언제나 하나님의 백성들의 자발적인 기쁨의 헌신으로 이루어져야 한다는 것, 이것이 바로 성경적 원리입니다. 하나님의 영은 불신자 고레스를 감동하시면서도 이 원칙을 지키시고자 하신 것입니다. 다시 본문 4절을 보십시오. "그 남아있는 백성이 어느 곳에 머물러 살든지 그 곳 사람들이 마땅히 은과 금과 그 밖의 물건과 짐승으로 도와주고 그 외에도 예루살렘에 세울 하나님의 성전을 위하여 예물을 기쁘게 드릴지니라 하였더라" 여기 중요한 말씀은 "기쁘게 드릴지니라"는 명이십니다. 기쁘게 드리는 헌신, 이 헌신을 하나님은 기대하시고 이런 헌신을 하나님 또한 기쁘게 받으시는 것입니다.

이것은 신약성경에서도 변치 않는 성도들의 헌신의 원리, 혹은 헌금의 원리로 가르쳐지고 있습니다. 고린도후서 9장 7절을 보십시오. "각각 그 마음에 정한 대로 할 것이요 인색함으로나 억지로 하지 말지니 하나님은 즐겨 내는 자를 사랑하시느니라" 우리 교회가 창립 초기부터 주일 헌금을 봉헌함에 드리게 한 것도 같은 원리 때문입니다. 아무래도 헌금 바구니가 돌아가다 보면 다른 이들의 시선을 의식해서 억지로 드리는 일들이 많아지지 않겠습니까? 그러나 이런 헌금 방식을 남용해서 헌신을 기피한다는 그것 또한 불행한 일들이 아닐 수 없습니다.

흥미로운 것은 한 가난한 과부가 두 렙돈을 드리는 장면을 성경이 기술하는 방식에 주목해 보는 일입니다. 마가복음 12장 41절입니다. "예수께서 헌금함을 대하여 앉으사 무리가 어떻게 헌금함에 돈 넣는가를 보실새" 여기 예수님은 누가 어떻게 기쁨으로 자신을 드리듯 하나님의 일에 자원하여 헌신하는가를 주목해 보고 계신다는 사실입니다. 헌금의 액수를 보고 계신 것은 아닙니다. 헌금자의 마음, 즉 진정한 헌신을 주목하고 계시다는 것입니다. 마가복음 9장에서 이 가난한 여인이 드린 두 렙돈은 수치상으로는 돈이라고도 할 수 없는 적은 것이지만(두 렙돈 300개가 하루 품삯인 한 데나리온) 본래 마카비 왕조 시절부터 사용되던 화폐(로마의 황제상 대신 배의 키나 수레바퀴를 후면에 새김 = 하나님의 인도의 상징)였다고 합니다. 그래서 어느 성경학자는 이 렙돈의 드림은 바로 이스라엘과 성전의 회복을 열망한 여인의 헌신이었다고 말하기도 했습니다.

얼마를 드리든 나의 최선이 하나님의 나라를 이 땅에 가져오게 하고 하나님의 통치의 영광을 가져오도록 소원하는 헌신으로 드리느냐가 중요한 것입니다. 우리의 헌물에 우리의 기도, 우리의 애정, 우리의 헌신이 들어 있느냐가 문제인 것입니다. 바울 사도는 마게도냐 교회 성도들의 연보 정신을 칭찬하시면서 이렇게 기록합니다. "우리가 바라던 것뿐 아니라 그들이 먼저 자신을 주께 드리고 또 하나님의 뜻을 따라 우리에게 주었도다(고후8:5)"

먼저 자신을 드림, 바로 이런 헌신을 드리도록 성령의 감동은 지금도 계속되고 있습니다. 오래전 영국 교회에서 아프리카를 위한 선교 헌금을 하는데 한 소년이 헌금 상자 위에 올라갔다고 합니다. "넌 뭐하느냐?"고 했더니 "저 자신을 드립니다."라고 대답했다고 합니다. 그가 바로 아프리카를 바꾼 리빙스턴이었다는 미확인 이야기가 전해옵니다. 이것이 바로 진정한 성령의 감동을 입은 헌신이 아니겠습니까? 지금 바로 우리에게 이런 헌신이 필요한 때입니다. 하나님의 감동을 입은 사람들의 진지한 헌신이 드려지는 땅, 거기서 새 나라, 새 역사도 시작되는 것입니다.

EZRA

PART 2

감동 받은
사람들

에스라 1장 5-11절

◆에스라 1장 5-11절

⁵ 이에 유다와 베냐민 족장들과 제사장들과 레위 사람들과 그 마음이 하나님께 감동을 받고 올라가서 예루살렘에 여호와의 성전을 건축하고자 하는 자가 다 일어나니 ⁶ 그 사면 사람들이 은 그릇과 금과 물품들과 짐승과 보물로 돕고 그 외에도 예물을 기쁘게 드렸더라 ⁷ 고레스 왕이 또 여호와의 성전 그릇을 꺼내니 옛적에 느부갓네살이 예루살렘에서 옮겨다가 자기 신들의 신당에 두었던 것이라 ⁸ 바사 왕 고레스가 창고지기 미드르닷에게 명령하여 그 그릇들을 꺼내어 세어서 유다 총독 세스바살에게 넘겨주니 ⁹ 그 수는 금 접시가 서른 개요 은 접시가 천 개요 칼이 스물아홉 개요 ¹⁰ 금 대접이 서른 개요 그보다 못한 은 대접이 사백열 개요 그밖의 그릇이 천 개이니 ¹¹ 금, 은 그릇이 모두 오천사백 개라 사로잡힌 자를 바벨론에서 예루살렘으로 데리고 갈 때에 세스바살이 그 그릇들을 다 가지고 갔더라

2. 감동 받은 사람들

/ 에스라 1장 5-11절 /

　지나간 20세기는 이천 년 전 예수님이 가르치신 섬김의 가치를 비즈니스 세계에서 발견하고 적용한 세기로 기억되어야 합니다. 이천 년 전 이미 예수님은 성경에서 제자들의 발을 씻기시는 모범으로 섬김의 리더십을 실천하셨음에도 불구하고 그것이 우리의 삶의 마당에 실천되기 위해서는 이천 년의 시간이 필요했던 것입니다.

　미국 AT&T 회사의 경영훈련 책임자였던 로버트 K. 그린리프(Robert K. Greenleaf)가 1970년 『섬기는 리더(The Servant as Leader)』라는 에세이를 발표하는 데서 우리 시대의 서번트 리더십 운동은 촉발되었습니다. 그때부터 기업들은 단순히 이익을 창출하고 돈을 벌기 위해서만 존재하는 것이 아니라 고객들을 섬기기 위해서 존재해야 한다는 새로운 이상을 갖기 시작한 것입니다. 그래서 기업이 고객의 주머니를 어떻게 열게 할 것이냐 보다 어떻게 먼저 고객을 잘 섬겨 고객을 만족시키고 더 나아가 고객을 감동시켜야 한다는 숙제를 갖기 시작한 것입니다. 그때 비로소 기업과 고객은 피차에 유익을 주고받는 소위 WIN-WIN, '상생의 관계'를 가질 수 있다는 깨달음을 얻게 된 것입니다.

고객 감동의 한 케이스로 미국 일본 혼다(Honda) 자동차 회사가 대표적인 소셜네트워크서비스(SNS)인 페이스북(facebook)의 팔로워가 일백만 명을 돌파하면서 혼다에 대한 특별한 애정을 표시한 고객들에게 정성을 다한 개별적 팬 서비스를 하겠다고 발표했을 때 크리스라는 한 팬은 자기 집 앞마당에 혼다 로고를 새겨 사진을 보냈다고 합니다. 이때 미국 혼다 회사는 미국 본사 정원 잔디밭에 크리스(Chris)라는 이름을 새겨 주었다고 합니다. 이때 크리스라는 친구가 받았을 감동을 상상해 보십시오. 지난 시간에도 말씀드렸습니다만, 하나님의 세상 경영에도 하나님은 감동이라는 방법을 사용하십니다. 바벨론에 포로되었던 이스라엘을 회복시키시는 놀라운 섭리를 진행하시면서 하나님은 사람들을 감동하시는 방법으로 그 역사를 이루고자 한 것입니다. 본문 에스라 1장 5-11절은 그 역사의 시점에서 하나님의 감동을 입은 사람들의 모습을 증언하고 있습니다.

본문에 기록된 감동받은 사람들은 누구입니까?

유대인들입니다

본문 5절을 읽겠습니다. "이에 유다와 베냐민 족장들과 제사장들과 레위 사람들과 그 마음이 하나님께 감동을 받고 올라가서 예루살렘에 여호와의 성전을 건축하고자 하는 자가 다 일어나니" 성경을 통해서 언제나 하나님이 역사의 변화를 위하여 첫째로 사용하시는 주체는 하나님의 백성들입니다. 하나님의 백성들이 하나님의 감동을 입고 일어나는 그곳에서 언제나 하나님의 새로운 역사는 시작되는 것입니다. 그래서 이 구절에서 보는 것처럼 유대인 정치 종교 지도자들 중 하나님의 감동받은 사람들을 일으켜 하나님은 먼저 하나님의 성전 건축을 시작하시고자 한 것입니다. 하나님의 백성들이 헌신하지 않는 곳에 어떻게 하나님의 일이 진전될 수 있겠습니까? 그래서 하나님의 성령은 누구보다 먼저 하나님의 백성들을 감동하시고자 하십니다.

바울이 온 세상에 복음을 전하고자 결심하고 당시 세계의 중심인 로마로 가고자 했을 때도 그는 먼저 하나님의 선택한 백성인 유대인들에게 나아가고자 했습니다. 로마서 1장 16절을 보십시오. "내가 복음을 부끄러워하지 아니하노니 이 복음은 모든 믿는 자에게 구원을 주시는 하나님의 능력이 됨이라 먼저는 유대인에게요 그리고 헬라인에게로다"

저는 이런 순서가 지금도 변함없는 섭리의 사실이라고 생각합니다. 그는 지금도 세상의 변화를 위해 먼저 하나님의 백성들을 움직이고자 하십니다. 그런데 그 하나님의 백성들이 하나님의 감동을 입는 일보다 다른 세속적인 일에 관심이 빼앗겨 있을 때 하나님은 때로 하나님의 집과 하나님의 백성을 심판하는 일을 먼저 하십니다. 하나님의 집과 하나님의 백성이 깨끗하여 쓰임 받을 만한 자리에 있을 때 그들이 세상 변화의 중심축이 될 수 있기 때문입니다.

어쩌면 지난 70년의 바벨론 포로의 역사는 그 백성을 정화시켜 쓰임 받기에 합당한 백성을 만드시는 연단의 시간이었을지 모릅니다. 그렇다면 지난 70년의 한국 민족 분단의 비극도 이 민족을 세상 변화의 중심축으로 쓰시고자 우리를 연단하시는 민족 정화의 시간이었을지 모릅니다. 이런 섭리의 이해 없이 우리는 민족 고난을 너무 쉽게 이해하려 해서는 안 됩니다. 베드로전서 4장 16-17절의 말씀을 우리는 그런 배경에서 읽을 수 있어야 합니다. "만일 그리스도인으로 고난을 받으면 부끄러워하지 말고 도리어 그 이름으로 하나님께 영광을 돌리라 하나님의 집에서 심판을 시작할 때가 되었나니 만일 우리에게 먼저 하면 하나님의 복음을 순종하지 아니하는 자들의 그 마지막은 어떠하며"

그렇다면 지금 이 시점에서 우리 교회가 민족의 회복을 위해 할 일은 무엇입니까? 먼저 우리 자신을 돌아보아 회개하고 성령의 충만 그 감동하심을 구하는 일입니다.

우리가 깨끗해지면, 우리가 성령의 감동을 입으면, 하나님의 일하심이 시작될 것입니다. 이것이 바로 부흥입니다. 지난날 우리가 일제의 식민지로 민족의 자주권을 상실했을 때 평양에서 시작된 회개운동과 평양 대부흥은 바로 민족의 운명을 구하는 거대한 하나님의 섭리의 시작이었던 것입니다. 그러나 답답하고 가슴 아픈 분단의 세월 70년을 극복하려면 우리 하나님의 백성들이 다시 주 앞에 엎드려 회개하고 성령의 감동을 구하는 영적 부흥이 일어나야 합니다.

이방인들입니다

선민이었던 유대인들에 이어 감동받은 사람들은 누구였습니까? 놀랍게도 이방인들까지도 감동을 입었다는 사실입니다. 본문 6절을 보십시오. "그 사면 사람들이 은 그릇과 금과 물품들과 짐승과 보물로 돕고 그 외에도 예물을 기쁘게 드렸더라" 하나님은 하나님이 기뻐하시는 사역을 성취하시기 위해 필요하다면 이방인들도 움직이는 분이십니다. 이것은 마치 옛날 이스라엘 백성들이 애굽 땅을 떠날 때 앞으로의 장도의 필요를 위해 애굽인들의 마음을 움직이시던 사건을 기억하게 합니다.

출애굽기 12장 35-36절을 보십시오. "이스라엘 자손이 모세의 말대로 하여 애굽 사람에게 은금 패물과 의복을 구하매 여호와께서 애굽 사람들에게 이스라엘 백성에게 은혜를 입히게 하사 그들이 구하는 대로 주게 하시므로 그들이 애굽 사람의 물품을 취하였더라" 그렇습니다. 하나님의 주권은 예배당 안에만 갇혀 있는 것이 아닙니다. 우리 하나님은 필요하다면 안 믿는 사람들까지 동원하셔서 하나님의 일을 이루게 하시는 것입니다.

그러므로 우리들의 중보기도의 영역이 충분히 넓혀져야 할 이유를 여기서 발견할 수 있습니다. 우리는 과연 우리 주변에 안 믿는 사람들을 위해서도 기도하고 있을까요? 삶은 어차피 믿는 자들과 안 믿는 자들이 어우러져 살아갈 수밖에 없는 것이고 그렇다면 우리 주변에 우리의 삶의 마당에 어깨를 나란히 하는 안 믿는 이웃들을 위해 기도할 수밖에 없습니다. 그들을 위해 기도하시나요?

흔히 전통적인 한국 교회 전도 구호 중에 "예수 천당 불신 지옥"이라는 말이 있습니다만 저는 불신 이웃들을 위해 정말 전도하려면 그들을 위해 기도하는 일부터 시작되어야 한다고 생각합니다. 믿지 않으면 지옥이라는 선포보다 그들에게 더 필요한 것은 천당을 믿는 이들의 기도요 사랑이라고 믿습니다. 안 믿는 이웃들이 삶의 마당에서 고통당하고 있을 때 그들을 위해 우리가 기도해 주면 의외로 그것이 감동으로 수용되어 마음 문을 여는 것을 볼 수 있습니다. 오늘이 지나가기 전에 우리 주변에 고통당하는 이웃들에게 다가서서 "제가 기도해 드려도 될까요?"라고, 혹은 "힘내세요. 기도하고 있습니다."라고 말해 보십시오. 그리고 이런 사랑의 접근은 어느 날 그들이 거꾸로 우리를 돕기도 하는 기적을 낳을 수도 있는 것입니다. 결국, 우리는 모두 신 불신 간에 하나님의 통치 아래 살고 있는 것을 잊지 말아야 합니다.

권력자입니다

그러나 무엇보다 이스라엘 회복의 역사에서 하나님의 가장 놀라운 감동은 고레스라는 왕, 당대의 최고 권력자를 향한 것이었습니다. 7-8절을 읽겠습니다. "고레스 왕이 또 여호와의 성전 그릇을 꺼내니 옛적에 느부갓네살이 예루살렘에서 옮겨다가 자기 신들의 신당에 두었던 것이라 바사 왕 고레스가 창고지기 미드르닷에게 명령하여 그 그릇들을 꺼내어 세어서 유다 총독 세스바살에게 넘겨주니" 그 이하는 고레스가 옮겨준 그릇의 숫자와 목록들입니다. 이것은 모두 완벽한 성전 회복을 위해 필요한 것들이었습니다.

과거 예루살렘 성전은 한 권력자 느부갓네살에 의해 무너졌지만 이제 그 성전은 또 다른 권력자 고레스에 의해 회복의 절차를 밟는 것입니다. 중요한 것은 권력자가 아니라는 말입니다. 중요한 것은 권력자를 부리시는 하나님이십니다. 그가 권력자를 심판의 도구로도 구원의 도구로도 쓰시는 것입니다. 문제는 오늘을 사는 우리가 하나님의 백성들이 하나님과 바른 관계 안에서 살고 있느냐는 것입니다. 우리만 준비되면 하나님은 권력자를 통해서도 일하실 수 있습니다.

그러므로 중요한 것은 권력자가 아니라는 것입니다. 권력자를 감동하고 사용하시는 하나님 그분이야말로 최고의 권력자라는 것입니다.

정말 중요한 것은 그분 최고의 권력자를 기쁘시게 하는 삶을 우리가 살고 있느냐는 것입니다. 잠언 16장 7절의 말씀을 기억하시나요? "사람의 행위가 여호와를 기쁘시게 하면 그 사람의 원수라도 그와 더불어 화목하게 하시느니라" 지난 6·25 전쟁사에 있어서 최대의 미스터리는 무엇인지 아십니까? 1950년 6월 27일 유엔 안전 보장 이사회에 소련이 불참, 유엔군 파병안에 거부권을 행사하지 않은 사건입니다. 역사에는 이것을 둘러싼 수많은 해석들이 열거되어 왔습니다. 그러나 분명한 사실은 소련의 불참으로 미국이 주도한 유엔 안전 보장 이사회 결의안이 통과되어 유엔군이 조직되고 한국에 파병되어 오늘의 자유로운 번영 한국의 존재가 가능할 수 있었다는 것입니다. 그것은 역사적인 사실이지만 이 역사의 배후에 하나님의 간섭을 가정하지 않을 수 있겠습니까?

사실 6·25직전 이 땅의 교회들은 소위 에큐메니컬 논쟁으로 교단마다 분열의 싸움을 지속하고 있었고 교회에는 기도의 불이 꺼져 있었습니다. 그러나 전쟁 발발과 함께 우리는 다시 절규하며 기도하기 시작했습니다. 우리를 살려달라고, 이 땅에 긍휼을 부어달라고 부르짖기 시작했습니다. 유엔 참전 결의가 이 기도와 무관했을까요? 그리고 전쟁을 계기로 시작된 소위 구국 기도는 부산을 시작으로 전국에 확산되기 시작했습니다. 전쟁의 종전(휴전)과 이 땅의 교회들이 맞이하기 시작한 전후 교회 부흥의 역사는 우리의 회개, 우리의 기도와 무관할까요?

그러나 결국 우리가 다시 일어서기 위해서는 성령의 감동, 부흥의 역사가 임하셔야 합니다. 오늘 한국 교회의 기초는 평양 대부흥 운동이었다는데 이의를 제기하는 사가들은 거의 없습니다. 그런데 평양 대부흥 운동은 그보다 몇 년 앞선 1904년 영국 웨일즈 대부흥의 영향이었음을 아는 사람은 많지 않은 듯합니다. 평양 대부흥은 먼저 이 땅에 와 있던 선교사들의 모임에서 죄를 자복함으로 시작되었고, 이것은 웨일즈 부흥 운동의 소식을 듣고 그런 부흥이 이 땅에도 일어나기를 사모하고 기도함으로 시작된 것입니다.

웨일즈 대부흥은 1900년대에 들어선 시각에 웨일즈의 몇몇 청년들 세스 죠수아, 이반 로버츠 등이 함께 모인 기도회에서 "주님 우리를 굴복시키소서. 나를 굴복시키소서. 우리를 감동하소서. 나를 감동하소서."라는 부르짖음과 함께 임한 강력한 성령의 임재로 시작된 것입니다. 교회마다 새로워졌고 예배에는 거룩한 불길이 임했고 도시와 나라가 깨끗해졌습니다. 믿지 않는 영혼들이 무리를 지어 교회로 돌아오기 시작했습니다. 성도들은 그들의 모든 것을 바쳐 전도하고 선교하기 시작했습니다. 이 거룩한 불이 동방의 작은 나라, 나라의 운명이 기울기 시작한 한반도에도 떨어진 것입니다. 나라의 운명이 기울기 시작하는 때 하나님 나라의 불이 이 땅에 타오르기 시작한 것입니다. 이것이 부흥입니다. 이런 부흥이 다시 이 땅에 필요한 때가 아닌가요?

EZRA

● PART 3 ●

새 역사의
개척자들

에스라 2장 1-2절, 68-70절

◆에스라 2장 1-2절, 68-70절

¹ 옛적에 바벨론 왕 느부갓네살에게 사로잡혀 바벨론으로 갔던 자들의 자손들 중에서 놓임을 받고 예루살렘과 유다 도로 돌아와 각기 각자의 성읍으로 돌아간 자 ² 곧 스룹바벨과 예수아와 느헤미야와 스라야와 르엘라야와 모르드개와 빌산과 미스발과 비그왜와 르훔과 바아나 등과 함께 나온 이스라엘 백성의 명수가 이러하니

⁶⁸ 어떤 족장들이 예루살렘에 있는 여호와의 성전 터에 이르러 하나님의 전을 그 곳에 다시 건축하려고 예물을 기쁘게 드리되 ⁶⁹ 힘 자라는 대로 공사하는 금고에 들이니 금이 육만 천 다릭이요 은이 오천 마네요 제사장의 옷이 백 벌이었더라 ⁷⁰ 이에 제사장들과 레위 사람들과 백성 몇과 노래하는 자들과 문지기들과 느디님 사람들이 각자의 성읍에 살았고 이스라엘 무리도 각자의 성읍에 살았더라

3. 새 역사의 개척자들

/ 에스라 2장 1-2절, 68-70절 /

새로운 역사는 언제나 개척자들에 의해 만들어져 왔습니다. 이런 개척자들을 우리는 '프런티어(Frontier)'라고 부릅니다. 그렇다면 무엇이 어떤 사람들을 프런티어로 만드는 것일까요? 프런티어의 사전적 의미는 "이미 개척된 자리나 지역에 안주하기보다 아직도 개척되지 않은 새로운 지역이나 영역을 탐구하는 정신"을 뜻합니다. 본래 미대륙 동부지방 비옥한 땅에 정착한 이들이 그 땅에서 영구한 삶의 터전을 만들기보다 미지의 서부를 향해 가기 시작했을 때, 혹은 존 F. 케네디 같은 대통령이 지구촌에 안주하기보다 인류의 미래를 위해 우주 탐험을 시작하고자 했을 때 사람들은 그런 정신을 프런티어 정신, 혹은 뉴프런티어 정신이라고 부른 것입니다. 더 나아가 이런 정신이 오늘날 지금까지 시도되지 않은 새로운 기업을 일구는 소위 '벤처 정신(Venture spirit)'으로 발전하여 실리콘 밸리를 만들 수 있었습니다. 한마디로 프런티어 정신을 "현상유지를 거부하고 미래를 향해 도전하는 벤처 정신"이라고도 정의할 수 있을 것입니다.

70년이란 적지 않은 세월 동안 처음에는 바벨론에 포로로 끌려왔지만, 그 땅에서 나름대로 성공을 거둔 많은 이스라엘 백성들은 이제 고레스 왕에 의해 자유가 선언되고 시온의 땅으로의 귀환이 가능해졌지만 익숙할 대로 익숙해진 그 땅을 버리고 떠나는 것은 쉽지 않은 결단이었을 것입니다. 이때 하나님의 감동하심에 응답해 귀환하여 시온의 땅을 회복하고 성전 재건에 헌신하고자 한 사람들, 그들이 바로 이스라엘의 새로운 프런티어 개척자들이었던 것입니다.

지난 70년간 우리 조국은 파란만장한 광복 이후의 세월을 통해 남북 분단의 현실 속에서도 선진국의 문턱까지 도달하고 소위 OECD 경제 규모 10위권에 달할 수 있었습니다. 그런데 지금 우리는 통일의 부담을 안고 경제적으로 후퇴하기보다 지금 이 수준의 생활에 안주하기를 원하는 적지 않은 이 땅의 사람들을 만나게 되었습니다. 지난 2014년 'KBS 통일 의식조사'에 의하면 '통일은 필요하지 않다.'가 22.4%, '통일비용 부담 의사 없음'이 44%에 달하고 있습니다. 참으로 새로운 미래의 대한민국을 위해서 우리는 지금이야말로 뉴프런티어의 출현을 기다리고 있습니다. 그런 의미에서도 우리는 과거 바벨론을 떠나 새로운 이스라엘 건설을 위해 온몸을 던진 그 시대의 프런티어들이 누구였는가를 주목하지 않을 수 없습니다. 새 역사의 개척자들, 과연 누구입니까?

조국 재건에 헌신하고자 한 사람들

에스라 2장은 새 이스라엘 건설을 위해 바벨론에서 시온의 땅으로 돌아간 사람들이 누구인가를 밝히는 것으로 시작되고 있습니다. 2장 1절을 보겠습니다. "옛적에 바벨론 왕 느부갓네살에게 사로잡혀 바벨론으로 갔던 자들의 자손들 중에서 놓임을 받고 예루살렘과 유다 도로 돌아와 각기 각자의 성읍으로 돌아간 자" 사실 70년의 세월을 지나는 동안 포로 1세대는 거의 세상을 떠나게 됩니다. 그리고 소위 포로된 땅에서 태어난 포로 2세들이 시온의 땅 귀환의 주역들이 되는 것입니다. 쉬운 일은 아니었을 것입니다. 그들에게 시온의 땅은 오히려 낯선 외국이었기 때문입니다. 그러나 부모의 조국을 자신들의 조국으로 이해한 그들, 그리고 시온에로의 복귀가 바로 조국의 회복이라고 믿은 사람들, 바로 그들이 조국 재건의 주역이 되었던 것입니다. 2절 이하는 바로 이런 개척자들의 명예로운 명단을 밝히고 있습니다. 그들 중에는 알려진 지도자들도 있었고 무명의 백성들도 있었습니다. 그러나 성경은 그들을 무명으로 처리하지 않고 최소 누구의 자손들이 었는지를 밝히고 있습니다.

제가 미국 워싱턴에서 목회할 때 손님들이 한국에서 방문을 오시면 종종 함께 찾아갔던 곳이 알링턴 국립묘지였습니다. 여기에는 존 F.

케네디 대통령의 묘와 그 동생 로버트 케네디의 묘 등이 있지만, 알링턴 국립묘지에서 가장 유명한 곳 그리고 가장 많은 사람들이 찾는 곳은 '무명용사의 무덤(Tomb of the Unknown Soldier)'입니다. 이 무명용사의 묘는 조국의 명을 따라 제1차·제2차 세계대전, 한국전, 월남전 등에서 전사한 모든 장병을 기리는 곳으로 50t이나 되는 대리석 묘비 앞에 밤낮을 가리지 않고 해병대 병사가 위병근무를 서고 있습니다. 그리고 여름에는 30분마다 겨울에는 1시간마다 보초 교대식을 합니다. 이 교대식은 엄숙하고 질서 있는 숙연함 속에 진행됩니다. 누구도 웃거나 떠들지 않습니다. 조국을 위해 생명을 바친 모든 무명의 헌신자들을 기억하고자 하는 애국의식이라고 할 수 있습니다.

잘 아시겠지만, 미국은 세계 여러 나라 전장에서 희생된 자국군인들의 유해를 송환하는 일에 엄청난 비용을 들여 정성을 다합니다. 몇십 년이 지나고 아무리 오랜 세월이 흘러도 결코 포기하지 않습니다. 국민이 영웅이 되는 나라, 이것이 미국이 지켜온 가치 중의 하나입니다. 미국이 세계사에서 잘못한 일도 적지 않다는 것을 저는 잘 알고 있습니다. 그러나 이것만은 꼭 본받고 싶습니다. 모든 국민이 영웅이 되는 나라, 조국을 위한 희생을 망각하지 않는 나라, 저는 우리나라도 그런 나라가 되는 것을 꿈꾸고 기도하고 있습니다. 성경의 이스라엘이 또한 그런 나라였습니다. 에스라 2장의 지루한 리스트에서 그들은 조국 재건에 헌신한 영웅들을 기억하고자 한 것입니다. 우리 또한 우리 조국의 재건을 위해 헌신한 선배들을 잊지 말아야 할 이유, 그들의 희생이 바로 새 역사를 개척하는 감동의 근원이기 때문입니다. 그렇습니다. 조국의 재건에 헌신한 모든 이들, 그들이 바로 이 땅 새 역사의 개척자들이었습니다. 미래 조국의 개척자들도 바로 이런 사람들이어야 할 것입니다.

주의 나라 회복에 헌신하고자 한 사람들

오늘 본문을 잘 읽어보면 바벨론에서 돌아온 개척자들은 단순한 애국자들만은 아니었습니다. 그들이 옛 조국의 땅으로 돌아온 가장 큰 동기는 성전의 회복이었습니다. 지금 우리식으로 말하면 예배의 회복, 곧 하나님 나라의 회복이었음을 알 수 있습니다. 우선 본문 2절이 기록하는 인물 중에 제일 먼저 언급되고 있는 이들은 스룹바벨(바벨론식 이름이지만 다윗의 후손), 예수아(포로기 전 최후의 공식적인 대제사장의 아들, 요사닥의 아들)입니다. 그들의 가장 큰 관심은 성전 회복이었습니다.

공교롭게 2절에 언급된 지도자들은 모두 11명, 느헤미야 7장 7절에서 발견되는 유사한 명단에서는 모두 12명(나하마니라는 이름이 추가)으로 구약에서 하나님의 백성들을 대표하는 12지파, 신약에서 주의 제자들을 대표하는 열두 제자와 같은 숫자를 표기함으로 하나님 나라 회복의 열망을 표현하고 있습니다. 에스라 2장의 귀환 명단 중 가장 다수를 차지하는 그룹은 제사장들이었습니다. 2장 36-39절이 이 돌아온 제사장 그룹을 기록하고 있습니다. "제사장들은 예수아의 집 여다야 자손이 구백칠십삼 명이요, 임멜 자손이 천오십이 명이요 바스홀 자손이 천이백사십칠 명이요 하림 자손이 천십칠 명이었더라" 합계 4,289명으로 전체 귀환자의 약 10분의 1에 해당하고 있습니다. 여기 언급된 여다야, 임멜, 바스홀, 하림 등 네 가문은 제사장으로서의 합법적 권리가 인정된 가문들이었습니다. 그들은 가문의 전통에 따라 성전이 회복되고 다시 하나님께 제사를 드리는 일에 관심이 많았지 않았겠습니까? 제1차 포로귀환은 바로 이 성전회복에 관심을 가진 사람들에 의해 진행되었다는 것을 알 수 있는 대목입니다.

그렇습니다. 그들은 그냥 옛 민족의 고토가 회복되는 것에 관심을 가진 것이 아니라 그 땅에 하나님의 나라가 회복되고 하나님을 예배하는 땅이 되는 것에 궁극적인 소망이 있었던 것입니다. 이제 돌아오는 그들의 헌신을 보십시오. 68-69절입니다. "어떤 족장들이 예루살렘에 있는 여호와의 성전 터에 이르러 하나님의 전을 그 곳에 다시 건축하려고 예물을 기쁘게 드리되 힘 자라는 대로 공사하는 금고에 들이니 금이 육만 천 다릭이요 은이 오천 마네요 제사장의 옷이 백 벌이었더라" 제사장들은 옷까지 벗어 성전 건축에 드렸던 것입니다.

우리나라의 경우 우리 민족의 대다수, 적어도 인구의 70% 정도는 통일 한국에 대한 갈망을 나타내고 있습니다. 그러나 우리들의 통일 논의에 있어 통일을 위해 우리는 어떤 대가를 치를 준비를 할 것인지와 그 통일된 나라가 어떤 나라가 되어야 하는가에는 아직 토론이 진전되지 못하고 있는 양상입니다. 만일 우리가 실현할 통일국가가 지금의 북한체제처럼 종교의 자유, 예배의 자유가 억압되는 통일국가라면 그래도 우리는 통일을 열망해야 할까요? 아니지요. 결코 아닙니다. 무슨 통일이든 상관없다는 소위 통일지상주의자들의 환상을 우리는 경계할 필요가 있습니다. 우리는 무엇보다 북한의 동포들도 마음껏 하나님을 예배하는 곳이 되는 통일, 자유와 인권, 정의와 평화가 보장되는 나라, 그런 하나님의 나라가 실현되는 통일을 열망하고 기도해야 할 것입니다.

그렇습니다. 그것이 우리가 열망하는 통일국가의 비전입니다. 통일한국이 기독교 국가일 필요는 없지만, 하나님 나라의 이상을 실현할 토양을 보장할 수 있는 나라가 되어야 합니다. "나라가 임하옵시며"라는 우리의 주기도가 실현될 수 있는 나라 말입니다. 그렇다면 미래 통일 한국의 프런티어 누가 되어야 할까요? 바로 이런 주의 나라 회복에 신명을 바칠 사람들, 곧 헌신된 주의 백성들이어야 할 것입니다.

자신의 은사로 기여하고자 한 사람들

여기 에스라 2장, 바벨론 포로에서 시온의 땅으로 돌아오는 사람들의 명단 끝머리에서 우리는 흥미 있는 사람들의 유형을 발견합니다. 우선 70절을 읽겠습니다. "이에 제사장들과 레위 사람들과 백성 몇과 노래하는 자들과 문지기들과 느디님 사람들이 각자의 성읍에 살았고 이스라엘 무리도 각자의 성읍에 살았더라" 여기 특히 제사장과 레위인, 그리고 문지기와 노래하는 자들에 관한 언급을 주의해 보십시다.

성전이 건축되면 성전 제사에 봉사할 제사장과 레위인의 중요성은 말할 것도 없지만 노래하는 자들과 문지기들을 생각해 보십시오. 성전이 회복되면 문지기로 성전 출입자들을 관리하는 일, 그리고 노래하는 자로 하나님을 찬양하는 일은 어느 정도 전문성을 필요로 하는 일들입니다. 그런데 이런 전통을 가진 가문의 후손들이 제일 먼저 포로의 땅에서 돌아와 정착했다는 것입니다. 왜 그렇습니까? 그들의 은사로 하나님을 섬기고자 한 때문이 아니겠습니까? 2장 41절을 보시면 노래하는 자들이 누구인가를 밝히고 있습니다. "노래하는 자들은 아삽 자손이 백이십팔 명이요" 아무래도 노래는 은사와 재능, 집안의 DNA가 있어야 헌신이 가능한 영역이 아니겠습니까?

제가 신앙생활 초기에 저의 의지와 상관없이 찬양대원 임명을 받은 일이 있었습니다. 그때의 악몽을 잊지 못합니다. 저는 초등학교 시절부터 '음악(樂)'은 '음악(惡)'이라고 생각했던 사람입니다. 그런데 부목사님이 목소리가 좋다고 임명을 강행하신 것입니다. 문제는 제가 베이스 파트로 발령이 났는데 베이스와 테너의 경계선에 서게 된 것입니다. 그날 이후 제가 결심한 것이 있습니다. 아무리 교회의 명이라도 못할 것은 못 하겠다고 말해야 한다는 것입니다. 그 이유는, 제가 잘할 수 있는 일로 섬기기 위해서입니다. 그것이 바로 은사의 문제이고 전문성의 문제입니다. 그래서 그 다음 주부터 제가 잘할 수 있는 주일학교 교사로 섬기기 시작했습니다. 은사로 섬긴다는 말은 자기가 정말 하고 싶은 일, 그리고 잘할 수 있는 일로 섬겨야 한다는 것을 의미합니다. 다음 중등부 교사, 다음 고등부, 청년부 교사하다가 제가 말씀에 은사가 있음을 확신하고 신학교에 가게 된 것입니다.

신학교에 가는 날 제가 드린 기도가 있습니다. "제가 할 수 있으면 이 성경 전부를 설교하고 싶습니다. 그리고 이 말씀으로 내 민족 특히 젊은이들을 섬기고 싶습니다. 그리고 그렇게만 할 수 있다면 제가 다른 편안함이나 삶의 특권은 구하지 않겠습니다." 부족하지만 지금까지의 저의 인생은 이런 기도의 응답이었다고 믿고 있습니다.

제 인생의 가장 큰 고민의 해는 1993년이었습니다. 당시 미국 워싱턴 지역에서 가장 큰 규모의 교회를 목회하고 있던 저는 교회당 건축을 마치고 편안하게 목회할 수 있는 미래가 보장되어 있었습니다. 그러나 편안함으로 제 목회를 끝낼 수는 없었습니다. 일 년 동안의 고통스러운 기도의 씨름 끝에 저는 한국으로 돌아와 교회 개척을 하기로 결심했습니다. 조국을 향한 마지막 섬김을 위해서 하나님의 나라가 이 땅에 임하는 것을 보고 싶어서 말입니다. 우리의 조국은 우리 각자의 은사로 그의 나라를 섬길 프런티어들의 헌신을 기다리고 있습니다. 그렇다면 오늘을 사는 저와 여러분은 그런 개척자, 헌신자가 될 수 있을까요?

EZRA

PART 4

두려움을
넘어서라

에스라 3장 1-7절

◆ 에스라 3장 1-7절

¹ 이스라엘 자손이 각자의 성읍에 살았더니 일곱째 달에 이르러 일제히 예루살렘에 모인지라 ² 요사닥의 아들 예수아와 그의 형제 제사장들과 스알디엘의 아들 스룹바벨과 그의 형제들이 다 일어나 이스라엘 하나님의 제단을 만들고 하나님의 사람 모세의 율법에 기록한 대로 번제를 그 위에서 드리려 할새 ³ 무리가 모든 나라 백성을 두려워하여 제단을 그 터에 세우고 그 위에서 아침 저녁으로 여호와께 번제를 드리며 ⁴ 기록된 규례대로 초막절을 지켜 번제를 매일 정수대로 날마다 드리고 ⁵ 그 후에는 항상 드리는 번제와 초하루와 여호와의 모든 거룩한 절기의 번제와 사람이 여호와께 기쁘게 드리는 예물을 드리되 ⁶ 일곱째 달 초하루부터 비로소 여호와께 번제를 드렸으나 그 때에 여호와의 성전 지대는 미처 놓지 못한지라 ⁷ 이에 석수와 목수에게 돈을 주고 또 시돈 사람과 두로 사람에게 먹을 것과 마실 것과 기름을 주고 바사 왕 고레스의 명령대로 백향목을 레바논에서 욥바 해변까지 운송하게 하였더라

4. 두려움을 넘어서라

/ 에스라 3장 1-7절 /

역사의 한때, 프런티어의 꿈과 아메리칸 드림을 안고 신대륙을 찾았던 미국인들의 가슴에는 큰 두려움의 그림자가 드리우고 있었습니다. 실업자들은 넘쳐나고 소비는 위축되고 기업들은 신규 투자를 두려워하고 사회에는 각종 범죄가 만연하고 있었습니다. 이제 모든 꿈을 접어야 하는 위기가 사람들의 마음을 짓누르고 있었습니다. 이때 그들 국가의 새로운 리더로 선출된 지도자는 유명한 세기의 연설을 남깁니다. "우리가 두려워할 유일한 것은 두려움 그 자체뿐이다 (The only thing we have to fear is fear itself)." 1932년 3월 4일 소위 미합중국 대통령이 된 프랭클린 루스벨트의 말입니다. 그때 미국 사회는 경제 대공황에 직면해 있었고 자신의 육체는 소아마비의 후유증으로 고통 가운데 있었으며, 암살의 위협을 받고 있었지만, 그는 이런 모든 두려움을 극복하고 그가 통치하는 나라를 새로운 약속의 땅으로 인도해 갈 수 있었습니다.

이스라엘 백성들이 하나님의 인도로 그들의 옛 고향 예루살렘에 돌아왔지만, 그들은 그들을 적대시하는 모든 이방의 족속들, 이미 그들의 옛 고토를 취하고 있었던 그 땅의 새로운 원주민들에게 위협과 경계를 받고 있었습니다. 이런 두려움은 그들이 값비싼 대가를 지불하고 먼 바벨론에서 귀환한 그들의 모든 꿈을 빼앗아갈 수 있었던 충분한 위기였습니다. 오늘의 본문 3절은 이렇게 기록합니다. "무리가 모든 나라 백성을 두려워하여" 이제 그들은 이런 두려움을 어떻게 극복해갈 수 있었을까요? 오늘 이 땅에 살고 있는 우리에게 우리 안에 자리 잡고 있는 가장 큰 두려움을 기술하라고 하면 어떤 대답이 나오겠습니까?

그 첫째는 그동안 우리가 산업화와 지식화 시대를 거쳐 오며 쌓아올린 경제적 성취의 몰락에 대한 두려움일 것입니다. 이제 더 이상의 미래를 보장받을 수 없다는 두려움일 것입니다. 이런 두려움을 우리는 어떻게 극복할 수 있을까요? 이 두려움을 극복하기 위해, 이 두려움을 넘어서기 위해 회복되어야 할 것, 무엇입니까?

공동체의 회복입니다

두려움이 엄습할 때 우리를 더 두렵게 하는 것은 이 위기 앞에서 '나는 혼자'라는 의식입니다. 실상은 동일한 위기를 직면하고 있는 동료들이 있었지만, 문제는 그들이 네트워킹 되지 못하고 흩어져 외롭게 이 상황을 직면하고 있었던 것입니다. 그러나 어느 한순간 그들은 공동체로 다시 태어납니다. 이것이 두려움을 극복하는 계기가 되었습니다.

본문 1절을 다시 읽겠습니다. "이스라엘 자손이 각자의 성읍에 살았더니 일곱째 달에 이르러 일제히 예루살렘에 모인지라" 처음 그들은 꿈을 안고 고토에 돌아왔지만 전전긍긍하며 흩어져 각자 자신의 삶의 터전을 만들기에만 바빠 있었습니다. 그러다 한순간 그들에게 찾아온 각성은 우리가 하나님의 백성으로서 함께 '모여야겠구나!'라는 의식이었던 것입니다. 여기 1절은 '일제히' 모였다고 기록합니다. 대부분 번역학자들은 이 단어를 '한 사람처럼(as one man, 케이쉬 에하드)'이라고 옮기고 있습니다. 아마 이때 그들은 학개나 스가랴 같은 선지자들의 메시지를 듣고 깨우침을 받고 모여 왔을지도 모릅니다. 그래서 그들은 이제 한 사람처럼 일사불란하게 공동체 정신을 회복하게 된 것입니다.

신약성경의 기자들이 다시 오실 주님의 재림을 준비하며 그 시대의 절망을 극복하기 위해 하나님의 백성들에게 호소하는 가장 중요한 메시지가 "모이기를 폐하지 말라"는 것이었습니다. 히브리서 10장 25절의 말씀을 기억하십니까? "모이기를 폐하는 어떤 사람들의 습관과 같이 하지 말고 오직 권하여 그 날이 가까움을 볼수록 더욱 그리하자" 그런데 그 시대보다 주님의 재림이 더 가깝고 시대의 절망이 더 짙어가는 때에 우리는 과연 그렇게 모이기를 힘쓰고 있습니까? 복음서에보면 우리 주님은 승천하시기 직전 누가복음 마지막 장에 보면 당신의 제자들에게 가장 중요한 지상명령을 주시면서 그런데 그들이 나아가 일하기 전 먼저 해야 할 일이 있다고 말씀하십니다. 그것은 그들이 먼저 이 성에 공동체로 모여 성령의 약속을 기다려야 한다는 것입니다.

누가복음 24장 49절의 말씀입니다. "볼지어다 내가 내 아버지께서 약속하신 것을 너희에게 보내리니 너희는 위로부터 능력으로 입혀질 때까지 이 성에 머물라" 제자들은 어떻게 응답합니까? 다시 누가의 보고를 들어보십시오. 그것이 사도행전 1장 14-15절의 말씀입니다. "여자들과 예수의 어머니 마리아와 예수의 아우들과 더불어 마음을 같이하여 오로지 기도에 힘쓰더라 모인 무리의 수가 약 백이십 명이나 되더라"

우리는 그들에게 어떤 일이 일어났는지를 잘 알고 있습니다. 그것이 바로 성령 강림의 사건이었습니다. 그냥 모이는 것이 아니라 그들은 약속의 말씀을 붙들고 공동체로 모여 기도했던 것입니다. 그것이 바로 진정한 의미에서 신약교회 곧 초대교회의 탄생이었습니다. 위대한 시대의 시작이었습니다. 그리고 그들은 아무도 더 이상 두려워하지 않았습니다. 그들은 모두 담대한 복음의 증인들이 되었습니다. 이것이 모임의 중요성입니다. 아직도 두려우십니까?

먼저 공동체를 회복하십시오. 공동체로 돌아가십시오. 우리의 동료들, 우리의 지체들과 함께 모여 어깨를 가지런히 하고 무릎을 꿇어보십시오. 두려움은 사라질 것입니다.

예배의 회복입니다

이스라엘 백성이 두려움을 극복하고자 각자 흩어졌던 곳에서 함께 예루살렘에 공동체로 모인 후 다음에 한 일은 무엇이었습니까? 2-3절을 보십시오. "요사닥의 아들 예수아와 그의 형제 제사장들과 스알디엘의 아들 스룹바벨과 그의 형제들이 다 일어나 이스라엘 하나님의 제단을 만들고 하나님의 사람 모세의 율법에 기록한 대로 번제를 그 위에서 드리려 할새 무리가 모든 나라 백성을 두려워하여 제단을 그 터에 세우고 그 위에서 아침 저녁으로 여호와께 번제를 드리며" 한마디로 그들은 제단을 만들고 번제를 드리기 시작했다는 말입니다. 그 때 아직 성전은 지어지지 않았습니다. 6절이 그것을 증거합니다. "일곱째 달 초하루부터 비로소 여호와께 번제를 드렸으나 그 때에 여호와의 성전 지대는 미처 놓지 못한지라"

그러나 성전이 없어도 제단을 쌓는 일은 가능했다는 말입니다. 성전이란 예배의 환경입니다. 그것은 일종의 예배의 하드웨어(hardware)라고 할 수 있습니다. 그러나 예배 그 자체는 성전의 소프트웨어(software)와 같은 것이었습니다. 제단만 있으면 제사는 가능할 수 있었던 것입니다. 오늘날로 말하면 주일 교회에서 드려지는 공예배는 중요한 것이지만 개인적으로 우리 가정에서도 목장에서도 예배는 가능하지 않습니까? 개인적으로 드려지는 예배의 중요성을 인지하지 못하는 사람이 교회에 와서 예배의 자리에 앉았다고 해서 진정한 예배가 저절로 이루어질까요?

요한복음 4장에 보면 사마리아 여인과 예수님의 대화에서 문득 여인은 예배의 장소를 갖고 예수님에게 시비를 겁니다. 우리 조상들은 대대로 이 사마리아 산에서 여호와를 예배했는데 왜 당신들 유대인들은 예루살렘(성전)에서만 예배할 것을 고집하느냐 묻습니다. 그때 예수님의 대답을 기억하십니까? 요한복음 4장 24절의 말씀입니다. "하나님은 영이시니 예배하는 자가 영과 진리로 예배할지니라" 유진 피터슨은 그의 『메시지 성경』에서 이 대목을 이렇게 번역하고 있습니다. "하나님은 순전한 존재 그 자체 곧 영이시다. 그러므로 하나님께 예배드리는 사람은 자신의 존재와 자신의 영과 자신의 참된 마음으로 예배드려야 한다." 예배의 장소가 문제가 아니라는 것입니다. 가변적이고 유형적인 성전이 있느냐도 본질적인 문제가 아니라는 것입니다. 중요한 것은 예배자의 마음가짐과 태도라는 것입니다. 정말 내 육체, 몸뚱이만이 아닌 내 영으로 그리고 진실한 마음으로 하나님께 나아오고 있느냐는 것입니다. 우리가 어디서든 내 영과 참된 마음으로 하나님을 찾고 하나님께 몰입할 수 있다면 그것이 참된 예배라는 것입니다. 그런 예배자를 하나님이 만나주시지 않겠습니까? 그리고 그런 예배자의 마음이 하나님의 영으로 충만하다면 그가 무엇을 두려워하겠습니까? 그러므로 두려움이 몰려오거든 두려움에 집중하지 마시고 하나님께 집중하십시오. 하나님을 향한 예배를 먼저 회복하십시오. 참된 예배가 내 안에서 살아나는 그 순간, 모든 두려움은 물러갈 것입니다.

감사의 회복입니다

포로에서 돌아온 이스라엘 백성이 두려움을 극복하고자 한 일이 무엇입니까? 예루살렘에 한마음으로 모였습니다. 제단을 만들고 제물을 태워(번제) 하나님께 올려 드리기 시작했습니다. 그리고 한 일이 무엇입니까? 초막절을 지키기 시작했습니다. 본문 4절을 보십시오. "기록된 규례대로 초막절을 지켜 번제를 매일 정수대로 날마다 드리고" 초막절을 지킨다는 것은 어떤 의미가 있습니까? 초막절은 본래 두 가지 의미를 갖습니다. 하나는 이스라엘 백성들이 광야에서 장막을 치고 방황하는 중에서도 마침내 그 백성이 하나님의 인도로 약속의 땅에 도달할 수 있었던 것을 감사하는 절기요 동시에 그 백성이 약속의 땅에 나아오는 동안에도 올리브 포도 등을 추수하며 감사를 드리는 절기였습니다. 핵심은 감사입니다. 그러면 이 초막절을 지킨다는 것은 지나간 우리의 삶의 여정에 함께하신 하나님의 간섭과 인도를 감사하는 축제였던 것입니다.

이 축제를 한 주간 동안 계속하며 주의 백성들은 어떤 생각을 하게 되었을까요? 비록 오늘의 현실이 아무리 힘들고 어두워 보인다 해도 지난 과거에서 오늘까지 그분이 우리를 신실하게 인도하셨다면 오늘도 그리고 내일도 인도해주실 것을 다시 확신할 수 있지 않았겠습니까? 그리고 이 감사의 축제일에 말씀을 읽고 찬양하며 기도하는 동안 그들의 마음속을 지배하던 모든 두려움은 떠나가게 된 것입니다. 그러므로 두려움의 반대는 단순히 용기가 아니라 감사입니다. 세상의 심리학자들은 두려움을 이기는 것은 용기라고 말합니다. 그러나 성경은 두려워하는 자들에게 주의 은혜를 헤아리며 감사하라고 말합니다. 우리 안에 감사의 영성이 회복되는 순간 모든 두려움은 떠나갑니다. 그리고 우리는 찬양하기 시작합니다. 실제로 생각해보면 우리의 인생은 감사의 조건으로 가득 차있지 않습니까? 그 감사의 조건들을 떠올려 보십시오.

제이 데니스(Jay Dennis)라는 분이 쓴 책 『감사 테라피』에 보면 이런 글이 실려 있습니다.

"당신이 많은 세금을 내야 한다면 감사하십시오. 당신에게 안정된 직장과 사업장이 있다는 말이기 때문입니다. 당신의 몸무게가 늘어 옷이 맞지 않는다면 감사하십시오. 당신은 먹을 것이 넉넉한 인생을 살아오신 것입니다. 세탁할 옷이 집안 한구석에 쌓여 있거든 감사하십시오. 당신에게는 적어도 갈아입을 옷의 여유가 있다는 뜻이기 때문입니다. 당신의 집에 대청소가 필요하고 문고리를 갈아야 하고 창문을 갈아야 한다면 감사하십시오. 당신의 몸을 위탁할 집이 있다는 뜻이기 때문입니다. 멀리라도 주차할 공간을 찾았다면 감사하십시오. 당신에게 잠시라도 걸어갈 운동의 기회가 주어졌기 때문입니다. 당신에게 불평할 대통령이 있다면 감사하십시오. 당신은 언론의 자유가 보장된 나라에 살고 있는 것입니다. 교회에서 뒷자리에 앉아 있는 교우의 찬송 음정이 엉망으로 들려오거든 감사하십시오. 당신의 청각이 정상이기 때문입니다. 아침에 울리는 자명종 소리가 고통스럽게 들리거든 감사하십시오. 당신에게 일할 수 있는 하루가 기다리고 있기 때문입니다. 해가 저물어 온몸이 나른하고 피곤하거든 감사하십시오. 당신은 오늘 하루를 생산적으로 사신 것입니다.”

사랑하는 여러분, 어떤 두려움이 오늘 여러분을 힘들게 하고 있습니까? 주께 나아오십시오. 주의 백성들과 함께 엎드리십시오. 예배를 시작하십시오. 그리고 주의 은혜의 인도하심을 따라 감사의 제사를 드려보십시오. 그분의 음성이 들리지 않으십니까? 우리 삶에 위로가 되는 이 찬양을 불러봅시다. “나의 안에 거하라 나는 네 하나님이니 모든 환난 가운데 너를 지키는 자라 두려워하지 말라 내가 널 도와주리니 놀라지 말라 네 손 잡아 주리라.”

EZRA

PART 5

하나님의 사역,
이렇게 감당하라

에스라 3장 10-13절

◆에스라 3장 10-13절

[10] 건축자가 여호와의 성전의 기초를 놓을 때에 제사장들은 예복을 입고 나팔을 들고 아삽 자손 레위 사람들은 제금을 들고 서서 이스라엘 왕 다윗의 규례대로 여호와를 찬송하되 [11] 찬양으로 화답하며 여호와께 감사하여 이르되 주는 지극히 선하시므로 그의 인자하심이 이스라엘에게 영원하시도다 하니 모든 백성이 여호와의 성전 기초가 놓임을 보고 여호와를 찬송하며 큰 소리로 즐거이 부르며 [12] 제사장들과 레위 사람들과 나이 많은 족장들은 첫 성전을 보았으므로 이제 이 성전의 기초가 놓임을 보고 대성통곡하였으나 여러 사람은 기쁨으로 크게 함성을 지르니 [13] 백성이 크게 외치는 소리가 멀리 들리므로 즐거이 부르는 소리와 통곡하는 소리를 백성들이 분간하지 못하였더라

5. 하나님의 사역, 이렇게 감당하라

/ 에스라 3장 10-13절 /

우리 시대 소명, 곧 부르심에 대하여 쓰여진 책 중에 가장 영향력 있는 저작은 아마도 오스 기니스(Os Guinness)의 『소명(The Call)』일 것이라고 생각합니다. 이 책에서 저자는 하나님의 백성들이 경험하는 부르심을 일차적인 것과 이차적인 것으로 나누고 있습니다. 일차적 부르심은 하나님에게로의 부르심, 곧 우리로 하나님의 자녀가 되게 하고 그리스도인이 되게 한 부르심이라고 말합니다. 이것은 우리의 '새로운 존재에로의 부르심'이라고도 할 수 있습니다. 그러나 이 부르심을 받은 이들은 곧 이차적인 부르심, 곧 '사역에로의 부르심'을 받게 됩니다. 이것은 어디에서 무슨 일로 내가 하나님을 섬길 것인가라는 부르심이라고 할 수 있습니다. 오늘 주일 예배의 자리에 있는 우리 대부분은 이미 일차적인 소명을 경험한 사람들이라고 할 수 있습니다. 그러나 여기 있는 상당히 많은 분들은 아직도 이차적인 부르심 곧 사역과 더불어 갈등하는 분들이 있을 것입니다. 앞으로 남은 내 생애를 드려 어디에서 무슨 일로 하나님을 섬겨야 할 것인가라는 질문 말입니다.

우리가 소명을 감당하고 살아야 한다는 의미가 반드시 교회 내 어떤 사역에 헌신해야만 한다는 것을 의미하지는 않습니다. 오스 기니스는 이런 생각을 가톨릭적 왜곡이라고 부르고 있습니다. 중세기 가톨릭 시대부터 교회 내 영적 사역은 가장 높은 소명이고 세속적인 사역은 낮은 소명이라는 생각이 있었습니다. 이런 생각을 교정하는 사건이 종교 개혁이었음에도 불구하고 오늘의 개신교 내에도 아직도 가톨릭적 왜곡 곧 소명에 대한 이원론적 편견은 수정되지 않고 있다고 그는 지적합니다. 그래서 소명에 응답하는 것을 우리는 전임 사역자 오늘날로 말하면 목사나 사제가 되는 것으로 이해한 것입니다.

종교 개혁자들은 일의 유형이 우리를 거룩하게 하는 것이 아니라 일에 대한 동기나 태도가 그 일을 거룩하게 한다고 주장했습니다. 즉, 우리의 일의 동기가 하나님을 기쁘시게 하는 것이라면 물 긷는 것, 구두를 고치는 일, 아기의 기저귀를 가는 일도 거룩한 일이라고 선포했습니다. 그리하여 직업(Vocation)이 우리의 소명(vocatio, calling)이 될 수 있었습니다.

그러나 직업에 열중하며 살고 직업의 이익을 취하기 시작하며 우리에게는 우리를 그 직업의 장으로 부르신 하나님을 망각하는 현상이 일어나기 시작합니다. 오스 기니스는 이것을 소명에 대한 개신교적 왜곡이라고 부르고 있습니다. 가톨릭적 왜곡이 세속적인 것을 희생하고 영적인 것을 격상시킨 것이었다면 개신교적 왜곡은 영적인 것을 희생한 채 세속적인 것을 격상시키는 이원론이라고 할 수 있습니다. 거룩한 일이 따로 존재하는 것이 아니라, 우리가 감당하는 모든 일이 영적 일이 될 수 있습니다. 단 영적인 동기, 그 정신, 그 태도를 상실하지 않을 때에만 우리가 하는 모든 일은 하나님의 일, 사역이 될 수 있습니다.

그래서 우리는 에스라 시대 시온의 땅으로 돌아간 하나님의 백성들이 무너진 하나님의 성전을 다시 짓는 사역을 감당할 때 어떤 태도로 그 일을 감당했는가를 알아보고자 합니다. 하나님의 사역을 감당하는 태도, 어떻게 해야 되겠습니까?

찬송함으로 감당해야 합니다

오늘 본문에 보면 성전의 기초가 놓여지는 순간 이스라엘 백성들이 제일 먼저 한 일이 찬송이었습니다. 아니 그들은 찬송함으로 이 거룩한 일을 시작했던 것입니다. 10절을 함께 읽겠습니다. "건축자가 여호와의 성전의 기초를 놓을 때에 제사장들은 예복을 입고 나팔을 들고 아삽 자손 레위 사람들은 제금을 들고 서서 이스라엘 왕 다윗의 규례대로 여호와를 찬송하되" 이것은 하나님의 마음에 합한 사람 다윗이 가르친 규례를 따라 그렇게 한 것이라고 기록합니다. 하나님의 일은 언제나 찬송과 경배로 시작되어야 한다는 것입니다. 이것은 신약 성경에 와서도 변치 않는 사역의 원리로 가르쳐지게 됩니다.

로마서 12장은 바울 사도가 당시의 로마 그리스도인들에게 사역의 중요한 원리와 실제를 가르치는 장입니다. 그런데 그 출발점을 만드는 레슨이 무엇입니까? 먼저 우리 몸으로 산 제사를 드려야 한다는 것입니다. 이것이 바로 영적 예배라고 합니다. 로마서 12장 1절을 함께 읽습니다. "그러므로 형제들아 내가 하나님의 모든 자비하심으로 너희를 권하노니 너희 몸을 하나님이 기뻐하시는 거룩한 산 제물로 드리라 이는 너희가 드릴 영적 예배니라"

우리가 사역을 찬양과 경배로 감당한다는 것은 무엇을 의미합니까? 그것은 우리가 하는 일이 그냥 사람의 일이 아닌 하나님의 일인 것을 인정하는 것입니다. 중세기 성당을 짓는 건축장을 지나던 사람들이 공사하는 인부에게 다음과 같이 물었다고 합니다. "당신들은 무슨 일을 하십니까?" 첫 번째 사람이 퉁명스럽게 대답하기를 "무엇을 하긴? 돈 벌고 있수다." 두 번째 사람이 대답하기를 "건축하고 있지 않습니까?"라고. 그런데 세 번째 사람이 대답하기를 "우리는 지금 하나님의 집을 짓고 있습니다."라고 대답을 했다는 것입니다. 이것은 사역의 궁극적인 목적을 알고 있는 사람의 대답이 아니겠습니까?

이미 말씀을 드린 것처럼 이것은 비단 소위 예배당 건축 같은 일에만 적용되는 레슨이 아닙니다. 우리들 그리스도인들에게 맡겨진 그 일이 무엇이든 그 일을 하나님의 일로 확신한다면 우리는 그 일을 찬양함으로 예배하면서 감당해야 합니다. 내가 어떤 일을 하면서 마음에 찬양이 사라지고 있다면, 예배의 마음을 상실하고 있다면, 지금은 일보다도 찬양과 경배를 먼저 회복해야 할 때입니다.

감사함으로 감당해야 합니다

에스라 시대 이스라엘 백성들이 성전 건축의 사역을 감당하며 두 번째로 한 일은 감사하는 일이었습니다. 11절을 보십시오. "찬양으로 화답하며 여호와께 감사하여 이르되 주는 지극히 선하시므로 그의 인자하심이 이스라엘에게 영원하시도다 하니 모든 백성이 여호와의 성전 기초가 놓임을 보고 여호와를 찬송하며 큰 소리로 즐거이 부르며" 이 구절의 핵심 단어는 감사입니다. 이스라엘 백성들은 성전의 기초를 쌓으며 찬양했고 이어서 진심으로 감사했다는 것입니다.

지금까지의 이스라엘의 역사는 끊임없이 하나님을 실망시키는 반역과 불순종의 역사였습니다. 그것이 이스라엘이 바벨론 포로로 끌려가 70년 동안 노예 생활을 한 원인이기도 했고, 예루살렘 성전이 무너진 원인이기도 했습니다. 그러나 때가 찬 시각 다시 포로에서 자유를 허락하시고 성전을 재건하게 하시는 하나님, 그 하나님을 이스라엘 백성들은 선하시고 인자하신 하나님이라고 고백합니다. 그리고 그 하나님께 감사하는 것입니다. 그리고 그 감사함으로 새 일을 시작하고자 하는 것입니다.

그래서 하나님의 백성들에게 하나님의 일은 언제나 감사가 되어야 합니다. 그것은 우리에게 다시 주시는 은혜의 기회이기 때문입니다. 우리가 가정에서 부모님을 섬길 수 있는 기회, 언제나 있는 것은 아닙니다. 할 수 있을 때 할 수 있는 방법으로 감사를 표현해야 할 것입니다. 교회에서 주어지는 봉사의 기회, 언제나 그런 기회가 있는 것은 아닙니다. 할 수 있을 때 할 수 있는 방법으로 감사의 마음으로 섬길 수 있어야 합니다. 저는 사회의 저명인사였던 한 교우님이 마지막 투병을 하실 때 그가 병상에서 고백하신 말씀을 잊을 수가 없습니다. "목사님, 이번에 건강이 회복되면 꼭 교회 봉사를 하고 싶었습니다. 그런데 그게 좀 힘들 것 같네요. 너무 안타깝습니다."

우리 시대의 설교가 존 오트버그(John Ortberg)는 영성의 사람은 감사 감각이 발달한 사람이라고 말합니다. 청각에 문제가 있는 사람은 듣기에 문제가 있는 것처럼 영성이 떨어진 사람은 감사의 능력이 결여되어 있다고 말합니다. 예를 들어 복권에 당첨되었다든지 이런 사건이 아니면 감사하지 못하는 것은 감사 감각이 마비된 때문이라는 것입니다. 그러나 감사 감각이 발달한 사람은 해가 지는 것을 보고도 친구의 미소를 보기만 해도 내 주변에 사랑할 대상이 존재하는 것만으로도 감사한 마음으로 살아갑니다. 화가 로세티(Dante Gabriel Rossetti)는 "무신론자에게 최악의 순간은 진정으로 감사한 마음이 생길 때이다. 그는 감사할 대상이 없기 때문이다."라고 말했습니다.

체스터튼(Gilbert Keith Chesterton)은 "우리 아이들은 성탄절 아침에 일어나 양말에 들어가 있는 사탕을 보고도 감사하는데 나는 두발을 양말 속으로 넣고 살 수 있는 걸 감사할 대상이 없단 말인가."라고 했습니다. 하나님을 알고 하나님이 맡기신 일을 하는 오늘, 감사함으로 일할 수 있는 우리가 되어야 하겠습니다.

기쁨으로 감당해야 합니다

저는 지금까지 언급한 하나님의 일을 감당하는 태도들은 서로 연관된 결과라고 생각합니다. 예배하며 일을 시작한 사람들은 감사할 수밖에 없고 감사하며 일하는 사람들의 자연스러운 모습은 넘치는 기쁨입니다. 12절을 읽겠습니다. "제사장들과 레위 사람들과 나이 많은 족장들은 첫 성전을 보았으므로 이제 이 성전의 기초가 놓임을 보고 대성통곡하였으나 여러 사람은 기쁨으로 크게 함성을 지르니" 그것은 하나님의 기대를 이루는 일에 쓰임 받는 기쁨이었고 그동안 상실해온 하나님의 유산을 회복하는 기쁨이었습니다. 그것은 눈물이 범벅이 된 경이로운 기쁨이었습니다.

이 기쁨은 자신의 인생관의 시야를 자신의 이익이 아닌 하나님의 영광에 맞추고 살아가는 사람들의 에너지라고 할 수 있습니다. 기독교 천재 수학자 파스칼(Pascal)이 마차 사고로 언어의 능력을 상실하면서도 아직도 살아 있어 하나님의 일에 쓰임 받을 수 있는 감격을 그는 『팡세(Pensées)』에서 이렇게 고백합니다.

"이 세상은 잊혀지네. 하나님을 제외한 모든 것이. 그분은 오직 복음서에서 가르치는 길로만 발견될 뿐. 인간 영혼의 위대함이여. 오! 의로우신 아버지 세상은 당신을 알지 못했어도 나는 당신을 알았나이다. 기쁨, 기쁨, 기쁨, 기쁨의 눈물."

바울은 에베소서 6장에서 종의 사명은 사람을 기쁘게 하는 자처럼 눈가림으로 인생을 사는 것이 아니라고 말합니다. 그러나 그는 로마의 감옥에서도 빌립보의 친구들에게 "주 안에서 항상 기뻐하라 내가 다시 말하노니 기뻐하라"고 권합니다. 이렇게 그런 삶이 가능할 수 있을까요? 19세기의 위대한 그리스도인 군인 찰스 고든(Charles G. Gordon) 장군의 말을 들려 드리고 싶습니다.

"인생을 살아가면 살아갈수록 난파당하지 않기 위해서는 북극성만을 기준으로 삼아 방향을 조정하는 것, 한마디로 하나님 한 분에게만 맡기는 것이 필요하다는 것을 더 많이 느끼게 된다. 그리고 결코 사람의 호의나 미소에 주목해서는 안 된다는 것을 깨닫게 된다. 그분이 당신에게 미소 짓고 계시다면 사람의 미소나 찡그림에는 상관할 필요가 없기 때문이다."

그것은 바로 코람데오(Coram-Deo, 하나님 앞에서)의 삶, 하나님 한 분만을 기쁘시게 하는 삶의 모습이며 내 인생의 최고의 청중, 유일의 청중이신 하나님과 시선을 맞추고 살아가는 삶의 모습입니다. 나를 향한 그분의 눈길이 느껴진다면, 그리고 나를 향한 그분의 미소가 보인다면, 무엇이 두렵겠습니까? 무엇이 걱정이겠습니까? 무엇을 염

려하겠습니까? 무엇을 불평하겠습니까?

성 어거스틴(St. Augustine)의 그리스도인에 대한 정의를 들어보셨습니까? "머리에서 발끝까지 할렐루야"라고 그는 말했습니다. 우리의 존재가 하나님을 찬양하고 하나님께 감사하고 하나님께 기쁨이 되기 위해 존재하는 자, 그가 바로 그리스도인인 것입니다. 그래서 체코의 위대한 작곡가 드보르작(Antonin Dvořák)은 새로운 곡을 쓸 때마다 "하나님과 함께"라는 문구를, 끝날 때에는 "하나님께 감사할지어다"라고 썼습니다. 세베스찬 바흐는 그의 악보의 여백에 쉴 새 없이 "SDG(Soli Deo Gloria)", 혹은 "어린양께 영광을"이라고 썼습니다. 만일 우리가 우리에게 맡겨진 모든 사역을 감당하는 생각들이 찬송으로 감사로 기쁨으로 채워진다면 우리의 사역의 마당은, 우리의 인생의 마당은 얼마나 달라질 수 있을까요? 푸르고 아름다운 계절 우리의 인생 사역을 감당하는 태도들을 돌아보며 다시금 우리네 사역의 마당에, 우리의 가정에, 우리의 교회에도 찬송이 회복되고, 감사가 회복되고 기쁨이 회복되기를 기도하십시다.

EZRA

PART 6

방해를
극복하라

에스라 4장 1–6절, 23–24절

◆에스라 4장 1−6절, 23−24절

¹ 사로잡혔던 자들의 자손이 이스라엘의 하나님 여호와의 성전을 건축한다 함을 유다와 베냐민의 대적이 듣고 ² 스룹바벨과 족장들에게 나아와 이르되 우리도 너희와 함께 건축하게 하라 우리도 너희 같이 너희 하나님을 찾노라 앗수르 왕 에살핫돈이 우리를 이리로 오게 한 날부터 우리가 하나님께 제사를 드리노라 하니 ³ 스룹바벨과 예수아와 기타 이스라엘 족장들이 이르되 우리 하나님의 성전을 건축하는 데 너희는 우리와 상관이 없느니라 바사 왕 고레스가 우리에게 명령하신 대로 우리가 이스라엘의 하나님 여호와를 위하여 홀로 건축하리라 하였더니 ⁴ 이로부터 그 땅 백성이 유다 백성의 손을 약하게 하여 그 건축을 방해하되 ⁵ 바사 왕 고레스의 시대부터 바사 왕 다리오가 즉위할 때까지 관리들에게 뇌물을 주어 그 계획을 막았으며 ⁶ 또 아하수에로가 즉위할 때에 그들이 글을 올려 유다와 예루살렘 주민을 고발하니라

²³ 아닥사스다 왕의 조서 초본이 르훔과 서기관 심새와 그의 동료 앞에서 낭독되매 그들이 예루살렘으로 급히 가서 유다 사람들을 보고 권력으로 억제하여 그 공사를 그치게 하니 ²⁴ 이에 예루살렘에서 하나님의 성전 공사가 바사 왕 다리오 제이년까지 중단되니라

6. 방해를 극복하라

/ 에스라 4장 1–6절, 23–24절 /

고사성어에 '호사다마(好事多魔)'라는 말이 있습니다. 좋은 일에 마귀의 방해가 많다는 뜻입니다. 좋은 일이 실현되기 위해서는 많은 풍파를 겪어야 한다는 의미입니다. 요즈음은 신조어로 "호랑이같이 사납고 다람쥐 같은(약삭빠른) 마누라"를 칭하는 말로 남편들의 동반자인 마누라가 늙어가며 보여주는 변신의 공포 용어로 사용되기도 합니다. 동양에만 이런 용어가 있는 것이 아니라 영어에도 "Lights are usually followed by shadows(빛은 언제나 그림자를 동반한다)." 혹은 "After fun comes sorrow(재미 다음에는 슬픔이 뒤따른다)."라는 말이 있습니다. 인생의 빛과 그림자, 축제와 고난의 양면성을 증언하는 표현들이라고 할 수 있을 것입니다.

오늘 본문에 보면 바벨론 포로에서 돌아와 성전 건축을 시작한 현장에 갑자기 대적들이 등장합니다. 본문 1절입니다. "사로잡혔던 자들의 자손이 이스라엘의 하나님 여호와의 성전을 건축한다 함을 유다와 베냐민의 대적이 듣고" 그리고 4절을 보십시오. "이로부터 그 땅 백성이 유다 백성의 손을 약하게 하여 그 건축을 방해하되" 분명 그 일은 주의 백성들의 지난 70년 동안의 숙원 사역이었고, 여호와 하나님을 위한 민족의 헌신이었음에도 불구하고 이 좋은 일을 시작하자마자 그들은 대적에 의한 방해를 만나게 된 것입니다.

우리도 하나님의 백성으로서 오랜만에 하나님의 일에 헌신하지만, 종종 그런 일을 시작하자마자 시험거리를 만나고 방해를 만날 수가 있습니다. 그때 우리는 "왜?"라는 질문을 던지면서 주저앉기도 하고 신앙에 대한 깊은 회의와 무력감의 포로가 되기도 합니다. 그렇다면 이런 사역의 방해를 극복하는 처방은 무엇입니까?

대적의 방해를 예상해야 합니다

우리는 좋은 일에는 결코 어려움이 없을 것이라는 낙관적 신화를 갖지 말아야 합니다. 하나님과 하나님의 일을 대적하는 마귀라는 존재가 정말 성경의 증언처럼 살아 있다면 그가 하나님의 백성들이 하나님의 일에 헌신하는 것을 좋아하겠습니까? 그들이 하나님의 일을 방해한다는 것은 오히려 예상할 수 있는 일이고 당연한 일이 아니겠습니까? 그것이 마귀가 존재하는 이유이기 때문입니다. 마귀는 종종 사탄이라고 칭하여집니다. 사탄의 본래의 의미는 '대적'이라는 뜻이고 마귀는 '참소자'라는 의미를 갖습니다. 어떻게 사용되든 그는 대적하는 자이고 참소 혹은 방해하는 자입니다. 베드로전서 5장 8절의 말씀을 다시 기억하십시다. "근신하라 깨어라 너희 대적 마귀가 우는 사자 같이 두루 다니며 삼킬 자를 찾나니"

성경은 흔히 마귀의 방해하는 계교를 가리켜 간계, 간교한 계략이라고 말합니다. 에베소서 6장 11절을 기억하십시오. "마귀의 간계를 능히 대적하기 위하여 하나님의 전신 갑주를 입으라" 본문에서도 이스라엘의 대적들은 처음부터 방해자라는 인상을 보이지는 않았습니다. 처음에는 오히려 성전 건축의 협조자라는 모습을 보였습니다. 2절을 보겠습니다. "스룹바벨과 족장들에게 나아와 이르되 우리도 너희와 함께 건축하게 하라 우리도 너희 같이 너희 하나님을 찾노라 앗수르 왕 에살핫돈이 우리를(앗수르의 영향을 받은 사마리아 사람들, 17절 참고) 이리로 오게 한 날부터 우리가 하나님께 제사를 드리노라"

얼마나 협조적인 증언으로 들립니까? 그러나 그들은 실상 다른 복선을 갖고 있었던 사람들이었습니다. 성경학자들은 성전이 건축된 이후 정치적 발언권을 행사하려는 의도가 있었고, 또 하나 그들이 본문에서 우리도 하나님께 제사하겠다고 하지만 그들은 다신론자로서 하나님을 여러 신중의 하나로 포함시켜 예배하겠다는 의도였던 것입니다. 그들은 실로 교묘한 전략을 갖고 자신을 광명의 천사로 가장시켜 혼란을 초래함으로 이 사역을 방해하고자 한 것입니다.

그들의 처음 전략이 통하지 않자 4장 11절 이하에 보면 후일 아닥사스다왕을 향한 참소 전략이 바뀝니다. 13절을 보십시오. "이제 왕은 아시옵소서 만일 이 성읍을 건축하고 그 성곽을 완공하면 저 무리가 다시는 조공과 관세와 통행세를 바치지 아니하리니 결국 왕들에게 손해가 되리이다" 이 참소 전략에 이어 대적들은 뇌물 전략으로 이 건축 사역을 방해하고자 합니다. 5절을 보십시오. "바사 왕 고레스의 시대부터 바사 왕 다리오가 즉위할 때까지 관리들에게 뇌물을 주어 그 계획을 막았으며"

그렇습니다. 사단 마귀는 문자 그대로 수단과 방법을 가리지 않고 하나님의 일을 방해하는 것입니다. 우리는 이런 방해를 예상할 수 있어야 합니다. 지혜로운 학생들은 예상문제를 공부하고 시험에 임합니다. 하나님의 거룩한 일에도 방해는 있을 수가 있습니다. 어려움이 있을 수 있습니다. 이런 대적 마귀의 방해를 예상하고 우리는 하나님의 일에 임해야 합니다.

주를 위해 초지일관해야 합니다

초지일관(初志一貫)이 무엇입니까? 이런 유머가 있습니다. 한 아이가 집에 성적표를 가져왔습니다. 성적은 초지일관 모두가 '가'였습니다. 영어 '가', 수학 '가', 국어 '가', 사회 '가' 등등. 그런데 체육만

'미'였다고 합니다. 아들의 성적표를 묵묵히 바라보던 아버지가 아들의 어깨를 부드럽게 두드리며 하는 말이 "너무 한 과목에만 치중하는 것 아니냐?"이었다고 합니다. 초지일관은 '집중력'입니다. 처음부터 끝까지 일관성 있게 집중하는 것입니다. 변치 않는 헌신을 말하는 것입니다. 당시 이스라엘 지도자들이 그랬습니다. 본문 3절을 보십시오. "스룹바벨과 예수아와 기타 이스라엘 족장들이 이르되 우리 하나님의 성전을 건축하는 데 너희는 우리와 상관이 없느니라 바사 왕 고레스가 우리에게 명령하신 대로 우리가 이스라엘의 하나님 여호와를 위하여 홀로 건축하리라" 너희들의 협조가 없어도 우리 홀로라도 이 일을 완성하겠다는 것입니다. 이스라엘 하나님 여호와를 위하여!

초지일관과 함께 우리 한국인의 충절을 만들어 온 고사성어가 있다면 '일편단심(一片丹心)'입니다. 임 향한 변치 않는 붉은 마음을 우리는 일편단심이라고 불러왔습니다. 정몽주의 단심가를 기억하시지요. "이 몸이 죽고 죽어 일백 번 고쳐 죽어 백골이 진토되어 넋이라도 있고 없고 임 향한 일편단심이야 가실 줄이 있으랴" 여호와 하나님을 위한 이것이 이스라엘 백성들의 일편단심이 아니겠습니까? 이것이 당시 하나님의 백성들의 일편단심, 초지일관의 정신이었습니다.

초지일관의 반대가 무엇이겠습니까? 용두사미(龍頭蛇尾)이지요. 용머리에 뱀의 꼬리라는 뜻입니다. 시작은 거창한데 보잘것없는 마무리를 뜻하는 말입니다. 사단의 전략은 언제나 용두사미입니다. 이왕에 시작된 하나님의 일이라면 다음에는 흐지부지되도록 김을 빼는 것입니다. 본문 4절을 다시 보십시오. "이로부터 그 땅 백성이 유다 백성의 손을 약하게 하여 그 건축을 방해하되" 오늘 우리의 헌신은 초지일관의 정신을 상실하고 있는 것은 아닌가요? 모든 위대한 일은 초지일관의 결과였다는 것을 잊지 마십시오.

유명한 발명왕 에디슨(Thomas A. Edison)의 삶의 배후에는 초지일관한 어머니가 있었다고 합니다. 에디슨은 학교 공부에는 관심이 없었고 언제나 엉뚱한 공상에 빠져 있었다고 합니다. 그의 성적은 초지일관 학급에서 거꾸로 일등이었습니다. 그런데 그가 엉뚱한 발상을 할 때마다 어머니만큼은 그 발상을 비웃지 않았습니다. "왜 그런 생각을 하게 되었니? 네 생각은 매우 창조적이란다. 잘 발전시켜 보렴." 어머니만큼은 초지일관 아들을 믿은 것입니다. 그 결과가 위대한 발명왕의 탄생이었습니다. 하나님의 일, 더욱 초지일관이 필요하지 않겠습니까!

어둠의 시간을 잘 인내해야 합니다

이런 이스라엘 백성들의 초지일관한 헌신에도 불구하고 사역은 어떻게 진행되었습니까? 이제 4장의 마지막 두 구절, 23-24절을 보십시오. "아닥사스다 왕의 조서 초본이 르훔과 서기관 심새와 그의 동료 앞에서 낭독되매 그들이 예루살렘으로 급히 가서 유다 사람들을 보고 권력으로 억제하여 그 공사를 그치게 하니 이에 예루살렘에서 하나님의 성전 공사가 바사 왕 다리오 제이년까지 중단되니라"

사람들의 방해는 왕을 움직였고 성전 건축은 주전 536년부터 520
년까지 약 16년간 중단되게 되었습니다. 이런 시간이 이스라엘 백성
들에게는 얼마나 좌절의 시간이요, 고통의 시간이었겠습니까? 이제
그들은 아무것도 할 수 없었고 손을 놓고 하늘만 쳐다볼 수밖에 없었
습니다. 의욕적으로 시작한 모든 일이 아무런 결과를 거두지 못할 때
우리는 이 일을 실패로 규정해야 할까요? 그러나 역사의 교훈은 때
로 하나님은 자신의 백성들에게 기다림의 시간을 갖게 하신다는 것
입니다. 그때 우리가 할 일은 잘 인내하고 잘 기다려야 한다는 것입
니다.

지난 며칠 저는 80여 명의 성도들과 3박 4일로 국내 기독교 사적지
를 돌아보는 시간을 가졌습니다. 그 일정 중에 마지막 날 우리는 경상
북도 영천시의 '자천 교회'라는 곳을 방문한 감동을 특히 오래 잊지 못
할 것 같습니다. 1898년 당시 대구 선교회를 책임지고 있던 아담스
(James Edward Adams, 한국명 안의와) 선교사가 전도 여행을 계획
하고 대구를 떠나 청송으로 가기 위해 영천 노귀재 언덕을 지나게 됩
니다. 그때 마침 경주에 살던 한학자 선비 권현중은 시국을 피해 조용
하게 살고자 청송을 계획했으나 여의치 않자 대구로 가다가 영천 노
귀재 언덕에서 아담스 선교사를 만나 복음을 전해 듣고 영천 자천에
터를 잡고 성경을 배우게 됩니다. 그는 자신의 집 사랑방에서 예배를

드리다가 교인이 늘어가자 자신의 가산으로 예배당을 짓고자 합니다. 마을 사람들이 반대하자 그는 경찰 주재소와 면사무소를 먼저 지어주고 자천교회당을 자력으로 짓습니다. 그리고 그 예배당에서 신성학교를 열어 다음 세대 교육을 시작합니다. 낮에는 교회에서 학생들을 가르치고 밤에는 독립군들을 만나 독립운동을 하고 자신의 가산을 쏟아부어 독립운동을 지원합니다. 이렇게 하는 동안 그는 마지막 빚을 지고 'ㄷ'자 한옥 한 채마저 그 동네 천석꾼 김영대에게 넘기고 세상을 떠납니다(1929년 소천).

우리가 자천 교회를 방문했을 때 담임목사인 손산문 목사는 권현중 장로와 같은 일생은 예수 믿고 가산을 탕진한 실패한 인생이 아니냐는 중요한 물음을 던졌습니다. 그런데 그의 마지막 빚으로 넘어간 한옥은 같은 마을 천석꾼 김영대의 아들 김경대 선생이 지난 2006년 교회에 기증하여 다시 교회 재산이 되어 돌아오고 그 건물은 권현중 장로가 시작한 신성학당으로 부활, 경상북도 문화재로 지정되어 수많은 한국 교회 청년들과 성도들의 수련장으로 사용되고 있다는 사실입니다. 더욱 놀라운 것은 권현중 장로의 후손들은 해마다 8·15가 되면 이 교회당을 찾아 3-4대가 함께 모여 가족 수련회를 가지면서 자랑스러운 할아버지 권현중 장로의 신앙을 이어가고 있다는 것입니다. 권현중의 아들 권오진 성도는 1948년 이 자천 교회의 3대 장로가 되어 그 헌신을 이어갔다는 것입니다.

자, 이 권현중 장로의 인생에도 더 이상 아무런 할 일 없이 하늘만 바라보며 모든 꿈을 접어야 하는 시간이 있었습니다. 교회를 시작했지만, 교회는 쇠약해지고 있었고 독립운동에 자신의 가산을 드렸지만, 일제의 탄압에서 허우적거리는 민족의 모습을 보며 그는 빚쟁이로 마지막 가옥마저 넘겨야 하는 시간을 보내고 있었습니다. 그러나 이 어둠의 시간을 견디며 기다린 그의 인내는 결코 헛되지 않았음을 우리는 기억해야 합니다. 우리가 방문한 자천 교회 입구에는 그의 묘지와 기념비가 세워져 있었고 기념비에는 "한 알의 복음의 씨앗이 열매를 맺어 이곳에 믿음의 터가 세워지다"라고 새겨졌고 이 시골의 작은 아름다운 교회에는 "하나님의 뜻을 받들어 그리스도의 일꾼 된 그의 신앙 정신을 배우고자 하는" 순례자들의 발걸음이 끊이지 않고 있었습니다. 중요한 것은 고난의 시간, 어둠의 시간을 잘 견디는 것입니다. 그러면 복음은 마침내 결실의 상급을 가져다줄 것입니다.

EZRA

PART 7

다시 일어나
시작하라

에스라 5장 1–5절, 16–17절

◆에스라 5장 1–5절, 16–17절

¹ 선지자들 곧 선지자 학개와 잇도의 손자 스가랴가 이스라엘의 하나님의 이름으로 유다와 예루살렘에 거주하는 유다 사람들에게 예언하였더니 ² 이에 스알디엘의 아들 스룹바벨과 요사닥의 아들 예수아가 일어나 예루살렘에 있던 하나님의 성전을 다시 건축하기 시작하매 하나님의 선지자들이 함께 있어 그들을 돕더니 ³ 그 때에 유브라데 강 건너편 총독 닷드내와 스달보스내와 그들의 동관들이 다 나아와 그들에게 이르되 누가 너희에게 명령하여 이 성전을 건축하고 이 성곽을 마치게 하였느냐 하기로 ⁴ 우리가 이 건축하는 자의 이름을 아뢰었으나 ⁵ 하나님이 유다 장로들을 돌보셨으므로 그들이 능히 공사를 막지 못하고 이 일을 다리오에게 아뢰고 그 답장이 오기를 기다렸더라

¹⁶ 이에 이 세스바살이 이르러 예루살렘 하나님의 성전 지대를 놓았고 그 때로부터 지금까지 건축하여 오나 아직도 마치지 못하였다 하였사오니 ¹⁷ 이제 왕께서 좋게 여기시거든 바벨론에서 왕의 보물전각에서 조사하사 과연 고레스 왕이 조서를 내려 하나님의 이 성전을 예루살렘에 다시 건축하라 하셨는지 보시고 왕은 이 일에 대하여 왕의 기쁘신 뜻을 우리에게 보이소서 하였더라

7. 다시 일어나 시작하라

/ 에스라 5장 1-5절, 16-17절 /

　　근대 올림픽의 창설자는 흔히 프랑스의 '쿠베르탱 남작(Pierre de Coubertin)'으로 알려져 있습니다. 그는 고대 그리스인들이 인간으로서의 완성을 위해서 체육의 연마를 교육과정으로 했던 것을 연구하면서 달리기, 멀리뛰기, 창던지기, 원반던지기, 레슬링 등의 고대 5종 경기에 착안하여 1912년 스톡홀름 올림픽 경기에서 근대 5종 경기를 제정하기에 이르렀습니다. 사격, 펜싱, 수영, 승마, 크로스컨트리가 지정되었습니다. 그런데 승마는 그냥 평지를 달리는 것이 아니라, 여러 형태의 장애물을 뛰어넘어야 했습니다. 꼭 그럴 필요가 있느냐는 논의가 진행될 때 쿠베르탱 남작의 의미 있는 발언으로 이 논의에 결론을 내리게 됩니다. "장애물을 극복하지 않고는 인간은 완성될 수 없지요!" 그렇습니다. 장애물 경기는 바로 인생의 모습이고 장애물을 극복하지 않고는 인생의 꿈은 실현될 수 없는 것입니다.

일 년 중 장애인 주일이 있습니다. 흔히 장애인은 선천적 장애인과 후천적 장애인으로 나뉘게 됩니다. 선천적 장애인은 나면서부터 인생의 장애를 안고 삶을 출발하는 사람들이고 후천적 장애인은 인생의 어느 한 시점에 일어난 사고나 질병으로 장애를 안고 살아가게 되는 분들입니다. 그런데 통계를 보면 후천적 장애가 모든 장애의 89%, 거의 90%라는 통계가 있습니다. 그것은 우리 모두 장애의 가능성을 안고 살아가는 예비 장애인들이라는 사실입니다. 결국, 인생의 문제는 장애 자체보다 장애의 극복이 문제인 것입니다. 인생길을 걷는 삶의 여정 어느 곳에도 장애물은 존재합니다. 바벨론 포로에서 시온의 땅으로 돌아와 성전 건축을 시도하는 이스라엘 백성들도 장애에 직면하여 결국 16년간 성전 건축이 지체되었습니다. 이 장애는 어떻게 극복될 수 있었을까요? 인생의 장애의 자리에서 다시 일어나 새 일을 시작하기 위해 필요한 일은 무엇일까요?

다시 일어나 시작하기 위해 필요한 일은 무엇입니까?

하나님의 말씀을 받아야 합니다

성전 건축의 위대한 역사는 선지자들의 하나님의 말씀의 예언으로 시작됩니다. 1절을 함께 읽겠습니다. "선지자들 곧 선지자 학개와 잇도의 손자 스가랴가 이스라엘의 하나님의 이름으로 유다와 예루살렘에 거주하는 유다 사람들에게 예언하였더니" 학개와 스가랴가 이 말씀을 전한 선지자들이었습니다. 학개가 전한 메시지를 학개 1장 4절에서 볼 수 있습니다. "이 성전이 황폐하였거늘 너희가 이 때에 판벽한 집에 거주하는 것이 옳으냐" 그 시대 주의 백성들은 개인의 사적 안락을 추구한 나머지 하나님 나라에 대한 관심을 상실하고 있었던 것입니다.

몇 달 후 스가랴 선지자도 다시 주의 말씀을 전합니다. 스가랴 1장 3절입니다. "그러므로 너는 그들에게 말하기를 만군의 여호와께서 이처럼 이르시되 너희는 내게로 돌아오라 만군의 여호와의 말이니라 그리하면 내가 너희에게로 돌아가리라 만군의 여호와의 말이니라" 이런 예언의 말씀으로 당시 주의 백성들은 돌이켜 다시 주의 일에 헌신할 수 있었던 것입니다. 하나님의 말씀은 언제나 새로운 창조의 원동력이 됩니다. 더욱이 당시 이스라엘 백성들에게 이 말씀에 응답할 수 있는 마음이 준비되어 있었다는 것입니다. 본문 2절을 보십시오. "이에 스알디엘의 아들 스룹바벨과 요사닥의 아들 예수아가 일어나 예루살렘에 있던 하나님의 성전을 다시 건축하기 시작하매"

여기 시작되는 처음 화두에서 '이에'라는 표현에 주목해 보십시오. 선지자들은 예언하고 스룹바벨과 예수아 같은 지도자들은 '이에', 곧 때를 지체하지 않고 즉각적으로 응답했다는 것입니다. 하나님의 말씀에 마음을 열고 사는 사람들 바로 그들에 의해 다시 이 위대한 역사는 시작될 수 있었습니다. "다시 건축하기 시작하매", 드디어 역사의 수레바퀴가 다시 움직이기 시작했습니다.

최근 페이스북 인사이트 마케팅 1위의 감동을 선물한 신준모라는 분이 쓴 또 하나의 책을 통해 그는 '다시'라는 말을 '용기를 부르는 주문'이라고 말합니다. "다시 오지 않을 오늘을 위한 선택. 아무 일 없었다는 듯. 다시 꿈꾸고. 다시 웃으며. 다시 행복하라."고 그는 도전합니다. 그렇습니다. 하나님의 말씀은 다시 우리를 일으킵니다. 하나님의 말씀이 다시 우리를 돌이키게 합니다. 하나님의 말씀은 다시 우리를 살립니다. 하나님의 말씀은 다시 새 역사를 짓습니다. 하나님의 말씀이 다시 우리 인생을 주의 도구가 되게 합니다. 하나님의 말씀이 다시 우리를 소명의 마당으로 인도합니다. 지금이야말로 다시 하나님의 말씀을 받고 다시 그 말씀을 들을 때입니다.

하나님의 사람들의 도움이 필요합니다

다시 일어나 건축하기 위해 필요했던 것은 더 많은 사람의 도움이었습니다. 하나님의 말씀을 받고 지도자들이 일어나 건축을 시작하자마자 2절의 마지막 대목에 보면 "하나님의 선지자들이 함께 있어 그들을 돕더니"라고 기록합니다. 그들은 말씀으로만 명령한 것이 아니라 필요한 도움을 제공하기 위해 사역의 현장에서 함께 땀을 흘린 것입니다. 여기서 우리는 참으로 하나님의 말씀을 순종하면 필요한 도움은 반드시 주어진다는 교훈도 배우게 됩니다. 그리고 그때 하나님의 백성들은 이런 필요한 도움을 수용하는 지혜를 또한 배웠던 것입니다. 필요한 도움을 거절하는 것은 용기가 아니라 교만입니다. 우리는 서로가 서로를 도우며 살아가도록 지어진 존재입니다. 바울 사도가 신앙생활에 가장 필요한 지혜로 강조한 열쇠 단어가 바로 '서로서로'였습니다. 서로서로 세우라고. 서로서로 덕을 세우라고. 서로서로 짐을 지라고. 서로서로 권면하라고. 서로서로 찬양하라고. 서로서로 기도하라고. 서로서로 죄를 고하라고. 서로서로 용서하라고. 서로서로 위로하라고. 서로서로 사랑하라고….

서로를 돕는 이 일을 누가 가장 기뻐하겠습니까? 하나님이 아니시겠습니까? 결국 이렇게 서로를 도우며 시작된 하나님의 일을 막을 자는 없었습니다. 5절을 보십시오. "하나님이 유다 장로들을 돌보셨으므로 그들이 능히 공사를 막지 못하고 이 일을 다리오에게 아뢰고 그 답장이 오기를 기다렸더라" '하늘은 스스로 돕는 자를 돕는다'는 말을 성경적으로 바꾸자면 "하늘은 서로를 돕는 자들을 도우신다"입니다. 하나님 나라의 본질은 서로가 서로를 섬기며 돕는 나라입니다. 전도자 빌리 그래함(Billy Graham)은 우리가 모두 천국에 가면 식사시간에 긴 젓가락을 사용하게 될 것이라는 유머를 말했습니다. 서로서로 먹여주는 나라가 될 것이라는 말입니다. 서로가 서로의 필요를 채워주며 서로가 서로의 발을 씻기는 나라야말로 천국의 본질인 것입니다.

성경을 관통하는 가장 큰 계명은 하나님을 사랑하고 내 이웃을 내

몸처럼 사랑하는 것입니다. 이 명령이 온전하게 준행되고 실천되는 곳, 그곳이 바로 천국이 아니겠습니까? 다시 일어나 새 일을 시작하고 싶습니까? 그러면 내 인생의 무게도 힘들고 아프지만 나보다 더 힘들고 더 아픈 이웃들을 먼저 돌아보십시오. 그리고 그들과 함께 삶의 마당에 자주 서십시오. 거기서 우리는 하나님의 미소와 은혜를 경험하게 될 것입니다. 우리 사회가 선진 사회로 접근한다는 것은 가진 자와 못 가진 자의 마음의 거리가 좁혀지고 비장애인과 장애인의 편견의 벽이 낮아지는 사회가 된다는 것을 의미합니다. 그것이 바로 우리가 주기도에서 "나라가 임하옵시며"라고 기도하는 이유인 것입니다.

하나님이 세우신 질서를 존중해야 합니다

유다 백성이 성전 건축을 다시 시작하며 그들은 이 일을 시위나 폭력적인 방법으로 진행하지 않았다는 것을 주목해 보십시오. 본문 3절에는 닷드내라는 총독이 유대인들의 성전 공사 재개 소식을 보고 받고 이것이 누구의 지시로 이루어진 일인가를 묻습니다. 4절에는 건축을 지시한 사람의 이름을 아뢰었다고 기록합니다. 아마도 그는 2절에 기록된 유다 총독 스룹바벨(혹은 세스바살)이었을 것입니다. 6절 이하 에스라 5장의 메시지는 그것이 합법적인 절차를 통해 이루어진 것인가를 확인하는 내용이고 마침내 16-17절은 왕의 최종 재가를 다시 확인하는 말씀입니다. 함께 읽겠습니다. "이에 이 세스바살이 이르러 예루살렘 하나님의 성전 지대를 놓았고 그때로부터 지금까지 건축하여 오나 아직도 마치지 못하였다 하였사오니 이제 왕께서 좋게 여기시거든 바벨론에서 왕의 보물전각에서 조사하사 과연 고레스 왕이 조서를 내려 하나님의 이 성전을 예루살렘에 다시 건축하라 하셨는지 보시고 왕은 이 일에 대하여 왕의 기쁘신 뜻을 우리에게 보이소서"

성경의 하나님은 율법을 인류에게 주신 하나님이시고 법과 질서를 통해 우리의 삶의 마당이 통치되기를 원하신 하나님이십니다. 무법과 무질서는 어떤 경우에도 하나님의 속성과 결코 일치하지 않습니다. 그래서 하나님의 백성들이 추구하는 어떤 일도 할 수 있는 한 법과 질서의 맥락 안에서 이루어질 수 있어야 합니다.

물론 때로는 우리 사회에 악법도 존재하는 것을 봅니다. 그러나 저는 악법이라도 존재하는 사회가 무법한 사회보다는 낫다고 생각합니다. 물론 그럴 경우 그리스도인들은 이 땅의 악법들이 더욱 정의로운 법들로 대체될 수 있도록 합법적인 법률 개혁 활동을 할 필요가 있습니다. 그때까지 우리는 현재의 법에 순종하고 따르면서 그런 활동을 전개할 필요가 있을 것입니다. 저는 그런 의미에서 바울 사도가 로마서 13장 1절에서 "각 사람은 위에 있는 권세들에게 복종하라"고 가르치신 것이고 예수님도 "가이사의 것은 가이사에게, 하나님의 것은 하나님께 바치라(막 12:17)"라고 말씀하신 것이라고 믿습니다.

저는 이런 말씀이 세속적 권력에 대한 무조건적 순종을 가르치는 말씀은 결코 아니라고 생각합니다. 저는 분명 국가 사회가 정상화되기 위해 나라를 이끄는 리더십을 백성들이 존중하고 그들의 통치에 협력해야 한다고 믿습니다. 그러나 그들이 권력을 남용하고 백성들을 억압한다면 우리는 비판만 퍼붓고 저주할 것이 아니라 그들이 제도적으로 백성을 억압하지 못하도록 법이 개선되도록 노력해야 하고 그래도 개선이 안 되면 정권이 바뀌도록 투표권을 행사해야 옳다고 믿습니다. 하나 더 예를 들어보겠습니다. 예컨대 최근 세제 활동이 강화되면서 우리 사업장에 부당하게 과한 세금이 징수되었다고 가정합시다. 세금을 거부하고 거리에 나가 정부와 투쟁하는 것이 바른 방법일까요? 저는 일단 세금을 내고 할 수 있는 모든 합법적인 방법으로 이런 세금 징수의 부당성을 항의하고 적절한 세금 징수가 입법화되도록 해야 한다고 믿습니다. 그래도 개선이 안 된다면 다음 선거에서 부자들에게는 감세하고 서민들에게 부당한 과세를 하는 정권에 표를 주지 말아야 합니다. 그동안 장애인들은 많은 사회적 편견 속에서 불편한 삶을 감수해 왔습니다. 감사한 것은 특히 깨어 있는 그리스도인 법률가들과 사회복지가들의 활동으로 아직도 갈 길이 멀지만 그래도 우리 사회 장애인들의 처우가 훨씬 개선되고 있다는 사실입니다.

우리는 우리의 정부와 사회 그리고 우리 교회도 이런 사회적 약자들을 돌아보는 일에 더 열정을 가져야 한다고 믿습니다. 우리가 꿈꾸는 좋은 나라, 좋은 사회는 어떤 곳일까요? 청년들이 창업이라는 모험을 감행하고 그 실패의 경험을 바탕으로 다시 일어서는 나라, 장애인들의 몸의 불편에도 불구하고 그들의 꿈을 펼치고자 일어설 때 손뼉을 치고 응원하는 사회라고 믿습니다.

지난 2015년 3월 뉴스에 한 시각장애인의 에베레스트 원정 발대식이 보도된 바 있었습니다. 주인공은 전북시각장애인 도서관장인 송경태 씨입니다. 그는 1급 시각장애를 극복하고 이미 4대 극한 마라톤에 도전한 바가 있었습니다. 사하라 사막, 고비 사막, 아타카마 사막, 남극 마라톤, 그리고 2014년 1월에는 전문 장비 없이 오를 수 없는 아프리카 킬리만자로의 우후르피크(5,895m), 그리고 이어 3월에는 히말라야 아일랜드 피크(6,189m) 등정에 성공한 적이 있었습니다. 그런데 이번에는 해발 8,448m 세계 최고봉 에베레스트 등정에 도전한다는 것입니다.

이런 무모한 모험을 계속하는 이유가 무엇이냐는 질문에 그는 "불가능할 것 같은 도전에 성공하고 나면 다음 더 큰 난관, 더 큰 모험에도 도전할 의욕이 생긴다."라고 말합니다. 그렇습니다. 우리도 다시 일어서야 할 이유, 더 큰 도전을 위해서입니다. 더 위대한 하나님 나라의 비전을 위해서입니다.

그래서 성경은 오늘 우리에게 도전합니다. 다시 일어나 시작하라고.

EZRA

PART 8

끝내주시는
하나님

에스라 6장 13–15절

¹³ 다리오 왕의 조서가 내리매 유브라데 강 건너편 총독 닷드내와 스달보스내와 그들의 동관들이 신속히 준행하니라 ¹⁴ 유다 사람의 장로들이 선지자 학개와 잇도의 손자 스가랴의 권면을 따랐으므로 성전 건축하는 일이 형통한지라 이스라엘 하나님의 명령과 바사 왕 고레스와 다리오와 아닥사스다의 조서를 따라 성전을 건축하며 일을 끝내되 ¹⁵ 다리오 왕 제육년 아달월 삼일에 성전 일을 끝내니라

8. 끝내주시는 하나님

/ 에스라 6장 13-15절 /

기독교 신앙을 가리켜 우리는 '종말론적 신앙'이라고 부릅니다. 본래 종말론적 신앙이란 말세만 생각하며 현실에서 도피하는 광적인 신앙인들의 신앙을 의미하지 않습니다. 희랍어에서 '종말'을 의미하는 단어 'eschaton'은 '끝남(finis)'을 의미할 수도 있지만, 더 자주 '목적의 완성(telos)'이란 의미로 사용되는 말입니다. 진정한 종말론은 역사 안에서의 하나님의 계획, 그 모든 목적하신 바가 그리스도의 오심을 통해 완성되는 것을 의미합니다. 성경의 하나님은 계획하신 바를 반드시 이루시는 하나님, 곧 '끝내주시는 하나님'이십니다. 그래서 그는 알파와 오메가, 처음과 나중이신 하나님이십니다.

로마 황제의 박해 아래에서 믿음을 지키며 고생하던 성도들에게 밧모섬에서 유배 생활을 하던 사도 요한은 이런 상황에서도 그가 변치 않고 바라보고 있는 하나님의 계시의 음성을 전달합니다. 요한계시록 1장 8절입니다. "주 하나님이 이르시되 나는 알파와 오메가라 이제도 있고 전에도 있었고 장차 올 자요 전능한 자라" 바울 사도도 로마의 옥중에서 빌립보 성도들에게 동일하신 하나님에 대한 신뢰를 격려하고 고백합니다. 빌립보서 1장 6절의 말씀입니다. "너희 안에서 착한 일을 시작하신 이가 그리스도 예수의 날까지 이루실 줄을 우리는 확신하노라"

에스라 6장 전반부의 내용은 다음과 같습니다. 국가 문서 보관소에 보관된 문서에서 과거 고레스 왕의 예루살렘 성전 공사허락의 역사적 사실을 확인하고 이 사실에 근거하여 다리오 왕은 성전 공사를 막지 말 것을 명하고 재정적인 도움까지 신속하게 조달할 것을 명하게 됩니다. 7절의 말씀을 보겠습니다. "하나님의 성전 공사를 막지 말고 유다 총독과 장로들이 하나님의 이 성전을 제자리에 건축하게 하라" 때가 찬 시각에 이제 이 일을 성취하시고자 하시는 하나님의 개입이 시작된 것입니다. 성전 공사가 중단되고 있었던 그동안의 답답한 기다림은 이제 충분히 보상되기 시작한 것입니다. 전도서 기자의 증언처럼 "범사에 기한이 있고 천하 만사가 다 때가 있나니(전3:1)"란 말씀 그대로입니다. 기다려야 할 때가 있고 다시 일할 때가 있는 것입니다. 그러나 어떤 경우에도 하나님은 당신의 계획 안에 시작된 일을 미완성 그대로 버려두지 않으십니다. 시작하신 하나님은 끝내주시는 하나님이십니다. 예레미야 33장 2절의 증거를 기억하십니까? "일을 행하시는 여호와, 그것을 만들며 성취하시는 여호와, 그의 이름을 여호와라 하는 이가 이와 같이 이르시도다"

그렇다면 성경의 하나님이 그가 목적하신 바를 이루시는 방편들은 무엇일까요?

세상 지도자들을 사용하십니다

다시 본문 13절을 보십시오. "다리오 왕의 조서가 내리매 유브라데 강 건너편 총독 닷드내와 스달보스내와 그들의 동관들이 신속히 준행하니라" 이제 관리들이 부지런히 움직이기 시작합니다. 하나님은 세상의 지도자를 동원하셔서 하나님의 일을 이루고자 하신 것입니다. 그런 의미에서 성경은 특히 구약성경은 자주 세속적 지도자들을 여호와의 종, 심지어 여호와의 목자라고 일컫고 있습니다. 에스라의 주인공의 하나인 고레스에 대한 이사야 44장 28절을 보십시오. "고레스에 대하여는 이르기를 내 목자라 그가 나의 모든 기쁨을 성취하리라 하며 예루살렘에 대하여는 이르기를 중건되리라 하며 성전에 대하여는 네 기초가 놓여지리라 하는 자니라" 하나님이 그들을 종으로 목자로 부리셔서 당신의 뜻을 이루고 계시는 것입니다.

그러나 반대로 사도 요한이 살던 때처럼 세상 지도자들이 영적 지도자들을 박해하고 투옥하고 심지어 죽이는 그런 시대도 있었습니다. 사도 요한은 요한계시록 13장에서 그와 같은 상황에서 세상 권력자들을 짐승이라고 비유합니다. 그리고 그들이 사용하던 그릇된 권력을 마귀인 용이 그에게 부여한 권세라고 증언합니다. 이와 같은 경우 과거 우리의 선배들은 더 높은 권위이신 하나님께 복종하기 위해 세상 지도자들의 불의한 명에 불복종하는 소위 '시민 불복종(civil disobedience)'의 윤리를 실천해 왔습니다.

그러나 우리는 세상 지도자들이 항상 반 신적이고 반 그리스도적인 도구들이라고 단정할 필요는 없습니다. 우리는 그들의 손에 하나님과 국민이 쥐어 준 권력의 칼이 악한 도구가 아닌 선한 도구로 선용되도록 비판 이상으로 중보하고 기도할 필요가 있습니다. 그래서 우리의 중보기도의 우선순위는 세상 지도자들이어야 한다고 성경은 가르칩니다. 디모데전서 2장 1-2절의 말씀을 기억하십니까? "그러므로 내가 첫째로 권하노니 모든 사람을 위하여 간구와 기도와 도고와 감사를 하되 임금들과 높은 지위에 있는 모든 사람을 위하여 하라 이는 우리가 모든 경건과 단정함으로 고요하고 평안한 생활을 하려 함이라"

그렇습니다. 여기 성경은 우리의 중보기도의 우선순위가 세상 지도자들 특히 정치 지도자들이어야 한다고 가르칩니다. 왜냐하면 만유의 주되신 하나님께서 이런 세상의 지도자들을 통해서 세상 속에서 하나님의 뜻을 이루어 가시기 때문입니다. 최근에 여러분은 대통령을 위해 입법부인 국회의원들을 위해 얼마나 기도해 보셨습니까? 성경은 우리들 자신이 고요하고 평안한 삶을 누리려면 그들을 위한 기도는 선택이 아닌 필수라고 가르칩니다. 북의 김정은 위원장을 위해 얼마나 기도하고 있는지요? 저는 북을 위한 그리고 평화 통일을 위한 우리의 기도의 잔이 찰 때 그때 하나님이 비로소 통일의 염원도 이루실 것을 믿습니다. 여러분은 한반도의 평화 통일을 위해 기도하시나요?

영적 지도자들을 사용하십니다

본문 14절을 읽겠습니다. "유다 사람의 장로들이 선지자 학개와 잇도의 손자 스가랴의 권면을 따랐으므로 성전 건축하는 일이 형통한지라 이스라엘 하나님의 명령과 바사 왕 고레스와 다리오와 아닥사스다의 조서를 따라 성전을 건축하며 일을 끝내되" 그렇습니다. 하나님께서 하나님의 목적을 세상 속에 실현하는 또 하나의 중요한 도구요 방편은 영적 지도자들입니다. 오늘 본문은 학개와 스가랴 같은 선지자들의 말씀 선포가 이 사역이 다시 시작된 중요한 계기를 만들었고 이 말씀을 하나님의 말씀으로 받아들인 유다 장로들을 통해 이 사역이 진행될 수 있었다고 증언합니다.

오늘날도 마찬가지입니다. 말씀을 선포하는 영적 지도자들 그리고 그 말씀을 실행하는 영적 지도자들을 통해 하나님은 당신의 뜻을 이루어가고 계십니다. 여기 본문에 "권면을 따랐으므로 … 일이 형통한지라"는 표현을 놓치지 마십시오. 물론 세상 지도자들이 그들에게 주어진 권력을 남용할 수 있는 것처럼 영적 지도자들에게도 영적 권력을 남용할 위험은 항상 존재합니다. 그래서 교회 회중들은 영적 지도자들을 위한 기도의 끈을 결코 놓지 말아야 합니다. 영적 지도자들에 대한 최고의 도움, 최고의 협력, 최고의 감시가 있다면 '위해서 기도해 주시는 일'입니다.

그래서 히브리서 기자는 히브리서 13장 18절을 통해 초대교회 당시 어려운 시대에서 성도들을 이끌고 있는 "우리를 위하여 기도하라"고 부탁합니다. 그러나 동시에 우리를 믿고 따르라는 말씀을 먼저 전한 것도 잊지 마십시오. 히브리서 13장 17절입니다. "너희를 인도하는 자들에게 순종하고 복종하라 그들은 너희 영혼을 위하여 경성하기를 자신들이 청산할 자인 것 같이 하느니라 그들로 하여금 즐거움으로 이것을 하게 하고 근심으로 하게 하지 말라 그렇지 않으면 너희에게 유익이 없느니라"

여기 '순종'과 '복종'이라는 단어가 나란히 등장하는 것을 놓치지 마십시오. 처음 '순종'이 즐겁게 따라갈 수 있는 일에 대한 응답이라면 다음 '복종'은 때로 지도자와 의견을 달리할 때 마음이 따라가 주지 않을 때라도 지도자의 동기가 잘못되지 않은 것이라면 따라가는 결정이 바로 복종의 의미입니다. 사사건건 지도자와 대립하는 것을 지도자에 대한 정의로운 협력이라고 착각해서는 안 된다는 말입니다. 그래서 궁극적으로 영적 지도자들을 통해 일하시는 하나님의 뜻, 그리스도의 뜻을 이루어가야 한다는 것입니다. 히브리서 13장 17-18절의 영적 지도자들에 대한 기도와 순종의 부탁은 13장 21절의 말씀으로 결론을 맺습니다.

"모든 선한 일에 너희를 온전하게 하사 자기 뜻(하나님, 그리스도)을 행하게 하시고 그 앞에 즐거운 것을 예수 그리스도로 말미암아 우리 가운데서 이루시기를 원하노라 영광이 그에게 세세 무궁토록 있을지어다 아멘"

하나님의 명령을 실행하십니다

하나님은 하나님 자신의 목적을 역사 안에 실현하기 위해 세상 지도자들을 사용하시고 또한 영적 지도자들을 사용하시는 것을 살펴보았습니다. 그러나 하나님이 그렇게 하시는 가장 중요한 이유는 하나님 자신의 뜻을 이루기 위해서입니다. 그리고 그런 하나님의 뜻은 바로 하나님의 명령 안에 들어 있는 것입니다. 하나님은 하나님 자신의 명령을 실행하심으로 하나님의 목적을 성취하시는 것입니다. 그래서 하나님의 백성들은 언제나 하나님의 명령을 살펴 순종의 삶을 살아야 합니다. 그때 우리는 비로소 하나님의 뜻을 실현하는 도구적 인생이 되기 때문입니다. 다시 본문 14절 중간에 보면 "이스라엘 하나님의 명령과 바사 왕 고레스와 다리오와 아닥사스다의 조서를 따라 성전을 건축하며 일을 끝내되" 이어지는 15절을 읽겠습니다. "다리오 왕 제 육년 아달월 삼일에 성전 일을 끝내니라" 즉 솔로몬 성전이 파괴된 지 72년 후인 주전 515년 3월에 마침내 성전은 완공될 수 있었습니다. 그것은 바로 선지자들을 통해 언약하신 말씀의 성취이기도 했습니다.

사람들은 약속하고도 실천하지 못하는 일이 비일비재합니다. 그러나 하나님은 다르십니다. 그는 약속하면 반드시 실행하시는 언약의 하나님, 신실하신 하나님이십니다. 우리가 한문으로 '信實(신실)' 혹은 '誠實(성실)'이라는 단어를 사용할 때 거기에는 말씀 '言(언)'이 들어 있습니다. 말씀한 바를 지키는 것이 바로 신실이요 성실인 것입니다. 하나님은 그가 약속하신 바들을 맹세로 보증하십니다. 맹세할 필요가 없는 유일한 존재이신 하나님이 맹세로 약속하신 것 그것이 바로 하나님의 말씀인 것입니다. 히브리서 6장 17절을 보십시오. "하나님은 약속을 기업으로 받는 자들에게 그 뜻이 변하지 아니함을 충분히 나타내시려고 그 일을 맹세로 보증하셨나니" 그래서 하나님의 언약의 말씀을 붙들고 사는 자들은 어떤 상황에서도 흔들리거나 낙심할 필요가 없습니다. 그의 인생은 하나님의 약속 안에서 존재하고 있기 때문입니다.

세계적인 전도자 무디(D. L. Moody)의 성경을 어떤 사람이 보았더니 성경의 여백마다 'T.P.'라는 단어가 무수히 반복적으로 쓰여 있었다고 합니다. 이 단어가 무엇을 의미하느냐고 했더니 무디는 빙그레 웃으며 "Tried & Proved라는 뜻이지요."라고 대답했다고 합니다. 말씀 그대로 실천해 보았더니 말씀하신 그대로 이루어졌음이 증명되었다는 뜻입니다. 그래서 시편 기자는 시편 34편 8절에서 이렇게 말합니다. "너희는 여호와의 선하심을 맛보아 알지어다 그에게 피하는 자는 복이 있도다"라고.

그렇습니다. 성경의 하나님은 언약의 하나님, 그리고 그 언약을 그대로 실현하시는 하나님, 즉 문자 그대로 끝내주시는 하나님이십니다. 누군가가 '끝내준다'는 우리말을 영어로 어떻게 표기하느냐는 질문을 받았다고 합니다. 문자 그대로 하면 'period'입니다. 이제 마침표를 찍었으니 더 이상의 무엇이 요구되지 않는다는 뜻입니다. 혹은 'so amazing', 'so awesome', 'so wonderful', 'so cool' 더 이상 더 좋을 수 없는, 놀라운, 기막힌 분이라는 말로 표기할 수 있겠습니다.

　그렇습니다. 성경의 하나님, 어떤 하나님이십니까? 끝내주시는 하나님, 그 하나님이 오늘 우리의 하나님, 나의 하나님이 되신 것을 찬양하십시오. 그 하나님께서 당신을 향하신 놀라운 목적과 계획을 갖고 당신을 지으신 것을 찬양하십시오. 그리고 그의 뜻을 이루고자 당신을 그의 종으로 부르신 것을 기뻐하십시오. 그리고 그의 뜻을 마침내 당신의 인생 안에 이루실 것을 믿으십시오. 그리고 다시 꿈꾸십시오. 다시 일어나십시오. 다시 기도하십시오. 다시 도전하십시오. 끝내주시는 하나님과 함께 이제 시작한 그의 일을 끝내십시오. 그 끝내기를 위해 다시 사역의 현장으로 그의 말씀을 붙들고 나아가십시오.

EZRA

PART 9

유월절 축제에의
초대

에스라 6장 19-22절

◆에스라 6장 19-22절

¹⁹ 사로잡혔던 자의 자손이 첫째 달 십사일에 유월절을 지키되 ²⁰ 제사장들과 레위 사람들이 일제히 몸을 정결하게 하여 다 정결하매 사로잡혔던 자들의 모든 자손과 자기 형제 제사장들과 자기를 위하여 유월절 양을 잡으니 ²¹ 사로잡혔다가 돌아온 이스라엘 자손과 자기 땅에 사는 이방 사람의 더러운 것으로부터 스스로를 구별한 모든 이스라엘 사람들에게 속하여 이스라엘의 하나님 여호와를 찾는 자들이 다 먹고 ²² 즐거움으로 이레 동안 무교절을 지켰으니 이는 여호와께서 그들을 즐겁게 하시고 또 앗수르 왕의 마음을 그들에게로 돌려 이스라엘의 하나님이신 하나님의 성전 건축하는 손을 힘 있게 하도록 하셨음이었더라

9. 유월절 축제에의 초대

/ 에스라 6장 19-22절 /

지난 2015년 우리는 메르스 사태로 온 나라가 긴장과 고통을 느꼈습니다. 그리고 지금은 다시 팬데믹 코로나의 위기를 겪고 있습니다. 2014년에는 소위 세월호 사건으로 나라 전체가 딜레마를 겪으며 아픔을 공유했습니다. 이러한 세월호 사태 속에서 국민의 관심을 집중시킨 한 종교단체가 '구원파'였습니다. 이때, 우리 사회는 이 단체에 대한 여러 정치적 혹은 사회적 질문을 던졌습니다만 얼마나 많은 사람들이, 특히 얼마나 많은 그리스도인들이 이 단체가 강조한 구원의 교리에 대한 성경적 질문을 던졌는지 모릅니다. 뒤늦은 질문일지 모르겠으나 이 단체가 구원을 강조한 것이 잘못일까요? 우리가 우리의 주로 고백하는 예수님의 이름의 뜻이 우선 구원이 아닌가요?

마태복음 1장 21절을 보십시오. "아들을 낳으리니 이름을 예수라 하라 이는 그가 자기 백성을 그들의 죄에서 구원할 자이심이라 하니라" 그렇습니다. 예수의 뜻이 구원이고 그가 이 땅에 오신 목적이 인류의 구원을 위한 것이었다면 이 단체가 구원을 강조한 것이 잘못이라고 할 수는 없습니다. 오히려 "구원받았습니까?"라는 질문에 대해 분명한 대답을 할 수 있도록 준비되지 않은 기성교회의 책임도 적지 않다고 생각합니다. 문제는 이 구원의 근거로서의 믿음이 성경이 강조하는 예수 그리스도에 대한 인격적 믿음이 아닌 구원파식의 주관적인 깨달음을 의미하고 이런 구원의 경험이 그들의 교회 안에서만 할 수 있는 사건으로 해석하는 경향, 따라서 기성교회에는 구원이 없는 것처럼 강조한다면 그것은 명백한 잘못입니다. 더군다나 구원의 사건이 아주 중요한 교리임에는 틀림없지만 구원만 받으면 그 다음에는 아무것도 할 일이 없는 것처럼 가르쳤다면 그것은 매우 위험한 구원 교리의 왜곡일 수밖에 없습니다.

그렇다면 구원받은 성도들에게 주어지는 책임은 무엇일까요? 오늘 본문에서 이 질문에 대한 하나님의 예상치 못한 대답을 발견하게 됩니다. 구약에서 구원의 의미를 가장 잘 가르치는 한 사건이 있었다면 그것이 바로 유월절 사건입니다. 하나님의 심판이 바로가 다스리는 애굽 땅에 선포되고 그 땅의 처음 난 것들(장자)이 모두 멸망당하리라는 선언이 있었을 때 하나님은 당신의 백성들에게 유일한 구원의 방편으로 속죄의 어린양을 잡아 그 흘린 피를 문설주 좌우 인방에 바르라고 명하십니다. 그러면 심판의 천사가 그 집을 '유월하리라(pass-over/pesach)'고 약속합니다. 그렇게 해서 이스라엘의 장자들이 구원받고 그들은 바로의 손에서 해방되고 약속의 땅을 향해 새로운 출발을 하게 된 역사적 사건을 기념하는 절기가 바로 '유월절'이었던 것입니다.

이제 또다시 바벨론 포로 되었다가 약속의 땅에 돌아와 성전을 재건하게 된 이스라엘 백성들이 먼저 한 일이 무엇입니까? 성전 봉헌식을 거행하고 성전에서 속죄의 제사를 드립니다. 6장 17절을 보십시오. "하나님의 성전 봉헌식을 행할 때에 수소 백 마리와 숫양 이백 마리와 어린 양 사백 마리를 드리고 또 이스라엘 지파의 수를 따라 숫염소 열두 마리로 이스라엘 전체를 위하여 속죄제를 드리고" 그 다음에 한 일이 무엇입니까? 그것이 오늘 우리가 함께 읽은 본문에 기록된 유월절 절기를 지키는 일이었습니다. 바로 이 유월절 지킴의 축제에서 우리는 하나님의 구원을 경험하고 사는 하나님의 백성들에 대한 하나님의 기대를 읽을 수 있어야 합니다. 여기 하나님의 은혜를 경험한 모든 시대의 주의 백성들이 물어야 할 중요한 질문이 있습니다. "구원받은 자들의 책임은 무엇인가?"라는 것입니다.

과연 구원받은 성도들의 책임은 무엇일까요?

정결한 삶을 살아야 합니다

본문 20절을 보겠습니다. "제사장들과 레위 사람들이 일제히 몸을 정결하게 하여 다 정결하매 사로잡혔던 자들의 모든 자손과 자기 형제 제사장들과 자기를 위하여 유월절 양을 잡으니" 유월절 축제의 키워드(keyword)는 '정결'이었습니다. 하나님이 주의 백성들을 유월절 양의 희생을 근거로 구원하시고 보호하신 목적이 무엇일까요? 이제부터 정결한 삶을 살라는 것입니다. 이스라엘 백성들은 유월절이 시작되자마자 무교병, 곧 누룩 없는 떡을 먹습니다. 그래서 유월절 저녁부터를 무교절이라고 칭하기도 합니다. 누룩 없는 떡은 순전함 혹은 정결함을 의미하는 것으로 거룩한 삶에 대한 열망을 반영하는 것입니다. 오늘을 사는 그리스도인들이 예수를 믿고 구원을 받았다고 고백할 때 그 성서적 의미는 언제나 죄로부터의 구원을 뜻하는 것입니다. 그러므로 죄로부터 우리가 구원을 받은 것이 사실이라면 이제부터 우리의 삶은 죄를 떠나는 거룩한 삶의 시작이어야 할 것입니다. 그래서 신학에서는 그리스도인의 구원은 교리적으로 '성화(sanctification)'의 시작이라고 말합니다. '성화'를 다른 말로 하면 '정화(purification)'입니다. 오늘 본문에 강조된 단어가 바로 이 '정화' 혹은 '정결(purified, taher)'입니다.

우리가 예수 믿고 죄사함을 받았다는 고백은 죄에 대한 면죄부가 아닙니다. 신약성경이 쓰였던 당시부터 예수 믿고 구원받음을 죄에 대한 면죄부로 해석하고 구원받았으니 마음대로 살아도 되는 것처럼 가르치는 신학적 조류는 이미 존재하였고 이런 사람들을 우리의 선배들은 '무율법주의자(antinomian)'라고 불러왔습니다. 율법주의가 성경적이 아닌 것처럼 무율법주의 또한 성경적 가르침이 아닌 것입니다. 사도 베드로는 베드로전서라는 편지를 쓰면서 화두에 그리스도인들을 "예수 그리스도의 피 뿌림을 얻기 위하여 택하심을 받은 자들"이라고 말합니다. 그리고 그들을 향한 하나님의 기대를 베드로전서 1장 15절에서 이렇게 전합니다. "오직 너희를 부르신 거룩한 이처럼 너희도 모든 행실에 거룩한 자가 되라" 그러므로 거룩한 삶은 이제 구원받은 자들의 피할 수 없는 책임입니다. 구원은 거룩한 삶의 출발점을 의미하는 것입니다. 그러면 이제 우리가 경험한 구원의 기쁨이 거룩한 삶의 기쁨, 거룩한 삶의 즐거움이 되어야 합니다.

즐거운 삶을 누려야 합니다

구원받은 자들의 특권이면서 책임 또 하나는 즐거운 삶을 살아가야 한다는 것입니다. 왜냐하면, 구원받은 자들에게 약속된 선물이 바로 구원의 기쁨 곧 구원의 즐거움이기 때문입니다. 본문 22절을 보면 "즐거움으로 이레 동안 무교절을 지켰으니 이는 여호와께서 그들을 즐겁게 하시고 또 앗수르 왕의 마음을 그들에게로 돌려 이스라엘의 하나님이신 하나님의 성전 건축하는 손을 힘 있게 하도록 하셨음이었더라"

여기서 성경이 하나님을 주의 백성들을 즐겁게 하시는 하나님으로 표기하고 있음을 주목해 보십시오. 오늘의 말씀에서 첫 번째 화

두로 우리는 정결함 혹은 거룩함을 요구하시는 하나님이심을 묵상했습니다. 분명히 성경의 하나님은 거룩하신 하나님이십니다. 그러나 거룩의 개념을 기쁨이나 즐거움의 반대로 이해하는 것은 옳지 못합니다. 거룩이나 정결의 반대는 죄나 불결함이지 기쁨이 아닙니다. 우리는 거룩하게 살면서 동시에 즐겁게 기뻐하며 살 수 있어야 합니다.

우리 시대 탁월한 침례교 설교가인 존 파이퍼는 '기독교 희락주의(Christian Hedonism)'를 주창하기도 했습니다. 그가 쓴 책『하나님의 기쁨』의 한 대목을 소개하고 싶습니다. "그 누구도 불행한 하나님과 함께 영원한 하나님의 나라에서 지내고 싶지 않을 것이다. '네 주인의 즐거움에 참여할지어다'는 예수님의 말씀은 행복하신 하나님과 영원히 지내라고 우리를 초대하시는 것이다. 예수님이 이 땅에 오시고 또 죽으신 것은 하나님의 기쁨을 우리 안에 주셔서 우리에게 충만한 기쁨을 안겨 주시려는 것이었다."고 말합니다.

그러므로 가장 정상적인 신앙인의 삶은 하나님의 기쁨으로 충만한 삶인 것입니다. 주의 백성들이 하나님 앞에 범죄할 때 일어나는 첫 번째 사건은 구원의 기쁨 혹은 즐거움을 상실하는 것입니다. 이런 맥락에서 우리는 다윗의 참회의 시편 51편 12절의 말씀을 읽어야 합니다. "주의 구원의 즐거움을 내게 회복시켜 주시고 자원하는 심령을 주사 나를 붙드소서" 주의 백성들이 범죄 함으로 구원을 상실하는 것은 아니지만 구원의 즐거움 'joy of salvation'이 상실된다는 것입니다. 다윗의 참회의 기도는 그가 다시 구원의 즐거움으로 살아가는 삶의 회복이었던 것입니다. 옛 이스라엘 백성들을 즐겁게 하시던 하나님께서 오늘을 사는 우리에게도 다시 이런 즐거움의 삶을 회복시켜 주시기를 기도하십시다. 우리가 즐겁고 행복하게 살지 못한다면 누가 하나님 앞으로 누가 예수님 앞으로 나아오고 싶겠습니까? 즐겁고 기뻐하는 삶이야말로 우리의 구원받은 삶의 표지요 증거이기 때문입니다.

열방을 변화시켜야 합니다

그러나 구원받은 백성들의 삶은 거룩하고 즐거운 삶이라는 개인적인 차원에 국한되는 것이 아닙니다. 우리의 구원에는 선교적 목적이 포함되어 있음을 본문은 암시하고 있습니다. 본문 21절을 보면 이 유월절 잔치에 초대받은 사람들은 이스라엘 백성들만이 아니었다는 사실을 지나치지 마십시오. "사로잡혔다가 돌아온 이스라엘 자손과 자기 땅에 사는 이방 사람의 더러운 것으로부터 스스로를 구별한 모든 이스라엘 사람들에게 속하여 이스라엘의 하나님 여호와를 찾는 자들이 다 먹고"

다시 말하면 이 유월절 축제에 초대받아 함께 먹은 사람들은 이스라엘 백성과 이방의 더러움에서 떠나 이스라엘의 하나님을 자기들의 하나님으로 삼고자 한 이방인들이 함께 초대를 받은 것입니다. 사실 유월절 전통은 처음부터 이스라엘인이 아닌 타국인이라 할지라도 할례(하나님의 백성이 되는 표시)만 받으면 이 잔치에 참여할 수 있었던 것입니다. 출애굽기 12장 48절의 말씀을 보십시오. "너희와 함께 거류하는 타국인이 여호와의 유월절을 지키고자 하거든 그 모든 남자는 할례를 받은 후에야 가까이하여 지킬지니 곧 그는 본토인과 같이 될 것이나 할례 받지 못한 자는 먹지 못할 것이니라"

우리 예수님의 지상에서의 마지막 명령, 마태복음 28장 19절의 말씀은 바로 이 유월절 잔치에의 우주적 초대였던 것입니다. "그러므로 너희는 가서 모든 민족을 제자로 삼아 아버지와 아들과 성령의 이름으로 침례(세례)를 베풀고" 이 초대가 완벽하게 실현되는 천국 잔치의 예배 광경을 요한계시록 7장 9-10절에서 읽어 보신 적이 있으십니까? "이 일 후에 내가 보니 각 나라와 족속과 백성과 방언에서 아무도 능히 셀 수 없는 큰 무리가 나와 흰옷을 입고 손에 종려 가지를 들고 보좌 앞과 어린 양 앞에 서서 큰 소리로 외쳐 이르되 구원하심이 보좌에 앉으신 우리 하나님과 어린 양에게 있도다"

그래서 저는 선교를 유월절 어린 양 잔치에의 초대라고 정의하고 싶습니다. 매년마다 국내외 여러 곳으로 흩어져 선교할 때 잊지 마십시오. 선교란 세상 모든 민족들을 이 영광의 천국 어린 양 잔치로 초대하는 사역이라는 것을. 그리고 선교의 결실은 이 잔치에 응답하여 열방의 민족들이 예수의 이름으로 회개하고 침례(세례)를 받을 때 그들은 죄의 문화를 버리고 천국의 문화를 수용하고 거룩한 하나님 나라의 백성이 되게 하는 일입니다.

그렇습니다. 진지한 선교는 언제나 열방을 소리 없이 변화시켜 하나님 나라가 이 땅에 오게 하는 하나님의 방법이요 하나님의 전략이었습니다. 세상의 궁극적인 변화의 소망은 국제연합기구(UN)도 국제 정치도 정보화도 아닌 오직 복음입니다. 그래서 하나님 보시기에 복음의 증인처럼 소중한 존재는 없습니다. 그래서 그분은 오늘도 우리에게 말씀하시고 명령하십니다. "오직 성령이 너희에게 임하시면 너희가 권능을 받고 예루살렘과 온 유대와 사마리아와 땅 끝까지 이르러 내 증인이 되리라 하시니라" 그러면 이제 예수님 만나 구원의 은혜를 감사하는 우리는 모두 이 복음의 증인이요 빚진 자들입니다. 이제 열방의 변화를 위하여 복음 들고 가십시오. 열방으로! 그들을 이 어린 양의 유월절 잔치로 초대하십시오. 우리가 아니면 누가 하겠습니까? 지금 아니면 언제 하시겠습니까?

EZRA

PART 10

나라를 세우는
'에스라 비전'

에스라 7장 6-10절

◆에스라 7장 6-10절

⁶ 이 에스라가 바벨론에서 올라왔으니 그는 이스라엘의 하나님 여호와께서 주신 모세의 율법에 익숙한 학자로서 그의 하나님 여호와의 도우심을 입음으로 왕에게 구하는 것은 다 받는 자이더니 ⁷ 아닥사스다 왕 제칠년에 이스라엘 자손과 제사장들과 레위 사람들과 노래하는 자들과 문지기들과 느디님 사람들 중에 몇 사람이 예루살렘으로 올라올 때에 ⁸ 이 에스라가 올라왔으니 왕의 제칠년 다섯째 달이라 ⁹ 첫째 달 초하루에 바벨론에서 길을 떠났고 하나님의 선한 손의 도우심을 입어 다섯째 달 초하루에 예루살렘에 이르니라 ¹⁰ 에스라가 여호와의 율법을 연구하여 준행하며 율례와 규례를 이스라엘에게 가르치기로 결심하였었더라

10. 나라를 세우는 '에스라 비전'

저는 지난 2015년 9월, 4박 5일로 미국의 유서 깊은 기독교 대학 시카고 근교의 휘튼대학에서 개최된 미국 코스타 30주년 컨퍼런스에 다녀왔습니다. 30년 전 제가 미국 워싱턴 지구촌 교회에서 목회할 때 당시 미 전역에 흩어진 한국 유학생들에게 그리스도의 복음 안에서 영적 부흥을 경험하게 하고 그들의 학문적 탐구가 조국과 하나님 나라에 유익이 되도록 돕고자 하는 비전으로 시작된 모임이었습니다. 전교인들이 총동원되어 미 전역에서 오는 이들의 비행장 픽업 서비스를 하고 워싱턴에서 한 시간 반 정도 떨어진 서밋 레이크 수양관으로 매일 저녁에 김치를 운반하여 나르고 수련회 후에는 워싱턴 관광 서비스를 하면서 시작된 모임이었습니다.

이번 30주년에 첫 모임의 포스터도 전시되었는데 제 아내가 디자인을 했습니다. 첫 모임의 주제가 〈우리는 어디로?〉라고 되어 있고 저와 홍정길 목사, 송인규(IVF 총무 역임) 교수가 강사로 되어 있습니다. 우리의 기대를 넘어서서 지금은 전 세계 15개국에서 연간 30여 회의 코스타가 열리고 있는 모임으로 발전되었습니다. 이 모임을 통해 처음 예수를 만난 지성인들이 적지 않고, 수많은 이들이 타문화권 선교사로 헌신하게 되었으며, 학문과 신앙의 통합적 비전을 발견하고 귀국하여 각계각층에서 섬기는 지도자들을 낳게 되었습니다.

우리나라 최초의 국비 유학생이 누구인지 아십니까? 역사적 기록에 의하면 조선 말기 유길준(1856-1914년)이라는 개화 운동가가 최초의 유학생으로 나와 있습니다. 그는 당시 일본과 미국을 유학하고 돌아와 『서유견문』이란 책을 발간하여 서양의 학문과 문화를 소개하였습니다. 그 후 갑오개혁을 이끌면서 폐단이 많았던 과거제도를 폐기하고 단발령을 실시하였으며 신문창간의 기초를 놓았고 국어 교육을 실시하여 국민의 교육적 자질을 향상하는 일에 기여하였습니다. 이것은 당시 암울한 시대 상황에서 뜻있는 이 땅의 젊은이들에게 유학의 꿈을 갖게 하는 단초를 마련했습니다. 그 후 유학생 출신이었던 이승만 박사가 건국 대통령이 된 후 그가 집권하던 시절 약 5천 명의 젊은이들에게 유학의 기회를 제공하게 됩니다.

한 사가의 평가에 의하면 민족 근대화는 박정희 대통령의 집권 기간에 그 결실기를 맞이하지만 그런 근대화의 기초가 되는 지도력이 준비된 것은 이승만 대통령 집권 시절의 유학을 통한 리더십 육성이 었다고 서술하고 있습니다. 실제로 우리나라에는 그동안 국가적 난제를 해결하기 위하여 외국의 사례를 연구하고 돌아온 유학생 출신 두뇌들의 다양한 기여가 있어왔고, 지금도 여러 형태의 다양한 지도자들의 목소리들이 개진되고 있는 것도 사실입니다. 이런 상황은 과거 이스라엘 민족이 바벨론 포로 70년의 세월을 끝내면서 많은 지도자들이 민족 재건의 꿈을 안고 시온의 땅으로 돌아오던 때를 연상시켜 주고 있습니다. 당시 이스라엘에도 여러 가치관들이 충돌하고 다양한 민족 재건의 해법이 존재하고 있었지만, 이 모든 것을 넘어서서 시온의 새 역사를 만든 것은 바벨론에서 돌아온 학사 유학생 출신 에스라의 비전이었습니다.

본문의 배경이 되는 에스라 7장 1-5절은 당시 시온의 땅으로 일단의 백성들을 이끌고 귀국하던 무리의 지도자 에스라의 배경과 족보를 소개하고 있습니다. 이어지는 에스라 7장 6절에서 이 사람의 면모를 보십시오. "이 에스라가 바벨론에서 올라왔으니 그는 이스라엘의 하나님 여호와께서 주신 모세의 율법에 익숙한 학자로서 그의 하나님 여호와의 도우심을 입음으로 왕에게 구하는 것은 다 받는 자이더니" 그는 본문 9절에 의하면 정월 초하루(4월)에 바벨론을 떠나 다섯째 달(8월)에 예루살렘에 돌아왔다고 기록합니다. 때는 주전 458년, 적어도 14주간 이상의 여행길 1,440km에 이르는 대장정의 여정과 장애물, 시골길과 험한 광야의 길을 통과하면서 에스라 일행은 드디어 꿈에 그리던 조국 땅에 귀환하게 된 것입니다.

이런 여정을 통해 고국에 돌아오는 에스라에게는 중요한 결심이 있었다고 10절은 증언합니다. 이 결심 속에 바로 에스라의 민족 재건의 비전이 들어 있었던 것입니다. 아마도 바벨론에서 돌아오는 어떤 지도자들에게는 정치적 청사진을 가진 새 정치의 비전이, 또 어떤 지도자들에게는 교육입국의 비선이, 또 어떤 지도자들에게는 문화 비전이, 또 다른 지도자들에게는 새 나라의 경제적 부강을 꿈꾸는 자본의 비전이 있었을 것입니다. 그러나 에스라에게는 이 모든 것보다 더 중요한 비전이 있었습니다. 저는 그 비전을 〈토라-비전〉 혹은 〈말씀-비전〉이라고 부르고 싶습니다.

이제 10절 말씀을 함께 보겠습니다. "에스라가 여호와의 율법을 연구하여 준행하며 율례와 규례를 이스라엘에게 가르치기로 결심하였었더라" 이 말씀에는 토라 비전을 형성하는 세 가지 키워드가 등장합니다. 연구하고, 준행하며, 가르쳤다는 말입니다.

지금 우리에게도 동일하게 요구되는 이 에스라 비전의 정체는 무엇입니까?

여호와의 말씀을 연구하는 비전입니다

우리는 이 말씀이 우리를 구원한 말씀이라고, 생명의 말씀이라고, 소망의 말씀이라고 고백합니다. 그렇다면 중요한 것은 우리가 날마다 진지하게 이 말씀을 연구하며 살고 있느냐는 것입니다. 저는 한 사람의 신앙생활의 진지성은 하나님의 말씀에 대한 태도로 볼 수 있다고 생각합니다. 우리가 고작 주일에 한 번 교회에 나와 예배드리면서 받는 말씀으로 과연 이 험난한 세파를 헤쳐 나갈 수 있을까요?

시편 119편은 성경 전체를 통해 하나님의 말씀에 대한 위대한 예찬으로 알려진 말씀입니다. 여기서 시편 기자는 어떻게 말씀에 대해 고백을 하고 있습니까? 73절에 보면 "주의 손이 나를 만들고 세우셨사오니 내가 깨달아 주의 계명들을 배우게 하소서" 얼마나 진지한 말씀 학습을 위한 기도인지요. 103절을 기억하십니까? "주의 말씀의 맛이 내게 어찌 그리 단지요 내 입에 꿀보다 더 다니이다" 그는 마침내 이렇게 고백합니다. 105절의 고백입니다. "주의 말씀은 내 발에 등이요 내 길에 빛이니이다" 그래서 마침내 그는 116절에서 이렇게 기도합니다. "주의 말씀대로 나를 붙들어 살게 하시고 내 소망이 부끄럽지 않게 하소서" 있어도 좋고 없어도 좋은 말씀이 아닙니다. 이 말씀이 없이는 살 수 없다는 고백입니다. 이 말씀으로 부끄러움이 없는 인생을 살게 해달라고 기도합니다.

이것은 신약 시대에 와서도 이 말씀을 선물로 받은 제자들의 한결같은 고백이요 권면입니다. 디모데후서 2장 15절의 사도 바울의 사랑하는 제자 디모데를 향한 권면을 기억하십니까? "너는 진리의 말씀을 옳게 분별하며 부끄러울 것이 없는 일꾼으로 인정된 자로 자신을 하나님 앞에 드리기를 힘쓰라" 여기 분별하라는 단어는 '연구하라', 'study' 하라는 말입니다. 어쩌다 한번 적당하게 연구해 보라는 뜻이 아닙니다. 여기 사용된 희랍어 단어는 본래 '올도 도메오(orthos+temnon)', '바르게/똑바로 자른다(to cut straight).' 칼로 무엇인가를 자를 때의 깨어 있음의 태도를 뜻하는 말입니다. 외과 수술용어인데(정형외과 의사를 orthopedic surgeon), 마치 외과 의사가 집도하는 마음으로 정확하고 신중하게 정신 차리고 말씀을 들여다보며 연구하라는 말입니다. 날마다 그렇게 말씀을 분별하며 살라는 말입니다.

한 나라에 영적 부흥이 일어날 때 거기에는 언제나 말씀을 진지하게 연구하고 기도하는 모임들이 있었다는 것을 기독교 역사는 증명합니다. 한국 교회의 부흥은 감정적인 집회에 근거한 것이 아닙니다. 장대현 교회의 부흥도 사경회에서 비롯되었다는 것은 우연한 일이 아닙니다. 그래서 말씀은 아직도 이 나라의 희망이요 구원인 것입니다.

여호와의 말씀을 준행하는 비전입니다

말씀을 연구하는 목적이 무엇일까요? 성서를 연구하는 유일하게 정당한 이유는 '준행하기 위해서'라고 성경은 가르칩니다. 지키기 위해서 연구해야 한다는 것입니다. 성경 연구의 목적은 지식의 축적이 아니라 그 말씀 그대로 살기 위해서여야 한다는 것입니다. 말씀 예찬의 시편 119편에서도 말씀에 대한 우리의 반응의 태도로 가장 빈번하게 강조하는 단어가 바로 지킨다는 고백입니다. 4절 보십시오. "주께서 명령하사 주의 법도를 잘 지키게 하셨나이다" 17절을 보십시오. "주의 종을 후대하여 살게 하소서 그리하시면 주의 말씀을 지키리이다" 33절을 보십시오. "여호와여 주의 율례들의 도를 내게 가르치소서 내가 끝까지 지키리이다" 34절을 보십시오. "나로 하여금 깨닫게 하여 주소서 내가 주의 법을 준행하며 전심으로 지키리이다" 44절을 보십시오. "내가 주의 율법을 항상 지키리이다 영원히 지키리이다"

지속적인 강조가 무엇입니까? 지켜야 한다는 것입니다. 지키지 않을 말씀이라면 말씀을 연구하는 것이 무슨 의미가 있겠습니까? 그래서 사도 요한도 종말의 계시의 말씀을 열면서 무엇이라고 선포합니까? 요한계시록 1장 3절에 "이 예언의 말씀을 읽는 자와 듣는 자와 그 가운데에 기록한 것을 지키는 자는 복이 있나니 때가 가까움이라"고 말합니다.

부족하지만 저도 평생 말씀 사역을 하면서 설교 준비를 할 때 이 말씀을 내가 먼저 지키고 있는지를 돌아보고자 했습니다. 제가 64세가 되었을 때의 일입니다. 교회 평신도 지도자 몇 분이 저를 찾아오셔서 이런 질문을 하셨습니다. "목사님 정말 65세에 은퇴하십니까?" 그래서 제가 "주일 예배 시간에 공언한 것이니까 그대로 해야지요."라고 대답했습니다. 그랬더니 "목사님 우리 교회는 목사님 설교가 없으면 지탱 못 합니다. 최소한 70세까지 하셔야 합니다." 그때 제가 이렇게 대답을 드렸습니다. "물론 설교야 더 할 수 있겠지요. 그러나 제가 한 말에 대한 약속의 책임을 질 수 없다면 그 설교가 무슨 의미가 있겠습니까? 그것은 지금까지의 제 모든 설교를 무너뜨리는 결과가 될 것입니다. 저는 약속을 지키고 은퇴하는 것이 70세까지 설교하는 것보다 더 좋은 설교가 되리라고 생각합니다. 제가 약속을 지킬 수 있도록 도와주십시오." 그리고 덕분에 잘 은퇴할 수 있었습니다. 설교나 말씀의 목적은 준행하기 위해서입니다. 이것을 잊지 않을 때 이 말씀은 비로소 우리의 생명이 되고 복이 되는 것을 기억하십시다.

여호와의 말씀을 가르치는 비전입니다

하나님의 말씀은 나 혼자 받고 준행하는 데서 끝나는 말씀이 아닙니다. 이 말씀이 정말 구원이고 소망이라면 이 구원이 필요하고 이 소망이 필요한 사람들에게 나누어져야 하지 않겠습니까? 그래서 에스라는 이 말씀을 가르치기로 결심하고 귀국길에 오른 것입니다. 다시 한 번 본문 10절을 보면 "에스라가 여호와의 율법을 연구하여 준행하며 율례와 규례를 이스라엘에게 가르치기로 결심하였었더라" 그렇습니다. 학사 에스라는 이 말씀만이 민족을 새롭게 하고 민족의 새 시대를 열 것을 확신한 것입니다. 그것은 지금도 동일하게 유효한 약속입니다. 그래서 예수님도 그의 지상 생애를 결산하시는 마지막 분부에서 무엇이라고 말씀하셨습니까? 마태복음 28장 20절의 말씀입니다.

"내가 너희에게 분부한 모든 것을 가르쳐 지키게 하라 볼지어다 내가 세상 끝 날까지 너희와 항상 함께 있으리라 하시니라"

제가 서론을 코스타 집회 이야기로 시작했습니다. 당시 코스타를 결정적으로 열게 된 것은 유학생 컨퍼런스의 필요성을 제기한 모임이 당시 워싱턴 지구촌 교회 내 유성회(유학생 성서연구회)란 그룹이 있었습니다. 그들은 바쁜 유학 생활 중에도 금요일마다 성서연구를 하며 그 축복을 미주 유학생 전체와 나누고자 하는 비전을 가졌습니다. 그것이 오늘의 코스타 운동으로 발전한 것입니다.

1927년 초 일본 동경에서도 조선 성서 연구회란 모임이 결성되었습니다. 조선은 이미 일본의 속국이 되어 한 치의 희망도 보이지 않던 시절 매주 성서연구를 하며 조국의 미래를 위해 기도하기 시작했습니다. 그 기도 모임의 중심에 김교신, 함석헌, 송두영 같은 분들이 계셨습니다. 그들은 귀국해서도 이 모임을 이어갔고 「성서 조선」이라는 월간지를 창설하여 민족을 계몽하는 일을 했습니다. 1942년 이 잡지는 일제의 압력으로 폐간을 당합니다. 이 잡지의 폐간을 가져온 동기는 이 권두언에 겨울철 연못에 개구리들이 얼어 죽은 일이 있었는데 얼어 죽지 않은 두어 마리가 있었다는 글의 의미가 화를 부른 것이었습니다. 그러나 그들의 성서가 조선의 희망이라는 비전은 마침내 우리나라 해방과 건국 비전의 초석이 될 수 있었습니다. 이 「성서 조선」의 비전, 이 에스라의 토라 비전이 다시 오늘의 우리에게 필요하지 않은가요?

EZRA

PART 11

나라를 세우는
은혜의 방편

에스라 7장 27-28절

◆ **에스라 7장 27-28절**

²⁷ 우리 조상들의 하나님 여호와를 송축할지로다 그가 왕의 마음에 예루살렘 여호와의 성전을 아름답게 할 뜻을 두시고 ²⁸ 또 나로 왕과 그의 보좌관들 앞과 왕의 권세 있는 모든 방백의 앞에서 은혜를 얻게 하셨도다 내 하나님 여호와의 손이 내 위에 있으므로 내가 힘을 얻어 이스라엘 중에 우두머리들을 모아 나와 함께 올라오게 하였노라

11. 나라를 세우는 은혜의 방편

/ 에스라 7장 27-28절 /

경영학자들은 우리가 수행하는 어떤 프로젝트가 성공하기 위해서는 반드시 필요한 '3M'이 있다고 말합니다. 'Man, Money, Management'입니다. '사람과 재정 그리고 경영(관리의 지혜)'이라고 할 수 있습니다. 이것은 한 공동체의 작은 일에서부터 한 나라의 경영, 심지어 하나님 나라 경영에도 예외가 아닙니다. 학사 에스라가 새 나라 건국의 비전을 갖고 시온의 땅으로 돌아올 때 하나님께서는 그 비전이 실현되기 위해서 이 세 가지 은혜를 베푸십니다. 첫째가 인적 자원의 은혜, 둘째가 재정의 은혜, 셋째가 지혜의 은혜였습니다. 이 세 가지, 사람과 재정, 지혜를 가리켜 은혜의 세 가지 방편이라고 할 수 있습니다. 이 세 가지가 있어서 에스라와 함께 돌아온 이스라엘 백성들은 성전 건축이라는 시대적 과제를 실현할 수 있었습니다. 오늘날에도 하나님 나라에 헌신하는 모든 사람들은 이 세 가지 은혜를 주시는 하나님을 신뢰할 수 있어야 합니다. 오늘 우리는 하나님 나라를 세우는 이런 은혜의 방편들을 탐구하는 시간을 갖고자 합니다.

오늘의 본문 에스라 7장의 마지막 대목은 이런 은혜를 입고 성전 회복의 과제를 실현하게 하신 하나님을 찬양하는 내용입니다. 다시 본문 27-28절 말씀을 함께 읽겠습니다. "우리 조상들의 하나님 여호와를 송축할지로다 그가 왕의 마음에 예루살렘 여호와의 성전을 아름답게 할 뜻을 두시고 또 나로 왕과 그의 보좌관들 앞과 왕의 권세 있는 모든 방백의 앞에서 은혜를 얻게 하셨도다 내 하나님 여호와의 손이 내 위에 있으므로 내가 힘을 얻어 이스라엘 중에 우두머리들을 모아 나와 함께 올라오게 하였노라" 여기 '은혜를 얻게 하셨도다'라는 고백을 주목하십시오.

그렇다면 다시 에스라가 한 나라를 세우는 과정에서 입었던 은혜의 방편들은 무엇입니까?

사람입니다

에스라가 입은 첫 번째 은혜는 여기 방금 읽은 28절에 의하면 이스라엘 중에 우두머리들을 모아 함께 시온의 땅으로 올라오게 하신 일이었습니다. 다시 말하면 성전을 건축하고 시온을 재건할 지도자들을 주셨다는 것입니다. 그래서 에스라는 그들과 더불어 이 엄청난 프로젝트를 함께 실현할 수 있었다는 것입니다. 8장 1-14절의 말씀은 에스라와 함께 바벨론에서 귀환한 지도자들의 명단을 세심하게 기록하고 있습니다. 그리고 이런 계획은 일찍 에스라를 통해 이런 일을 이루시고자 당시의 바사왕 아닥사스다를 통해 조서로 명령된 일이었습니다. 7장 12-13절을 함께 읽겠습니다. "모든 왕의 왕 아닥사스다는 하늘의 하나님의 율법에 완전한 학자 겸 제사장 에스라에게 조서를 내리노니 우리 나라에 있는 이스라엘 백성과 그들 제사장들과 레위 사람들 중에 예루살렘으로 올라갈 뜻이 있는 자는 누구든지 너와 함께 갈지어다"

그래서 약 1,800여 명의 사람들이 에스라와 함께 예루살렘으로 돌아오게 됩니다. 유명한 중국 내지 선교의 개척자 허드슨 테일러 (James Hudson Taylor)는 "하나님의 방법은 하나님의 사람이다"라는 말을 남겼습니다. 하나님은 사람들을 통해 하나님의 뜻을 이루시고 그래서 한 지도자를 감동시켜 어떤 일을 하고자 하실 때 언제나 함께할 사람들을 주시는 것입니다. 그런 의미에서 하나님 나라의 사역은 혼자만의 사역이 아니라 팀 사역, 팀 리더십이라고 할 수 있습니다. 예수님이 이 땅에 오셔서 하나님 나라의 사역을 시작하실 때 그는 먼저 12명의 제자들을 부르시고 그들과 함께하셨습니다. 우리가 잘 알고 고백하는 대로 예수님은 하나님이십니다. 그는 원하시면 혼자서도 모든 일을 하실 수 있는 전능하신 신성의 능력을 갖고 계셨습니다. 그러나 그런 예수님도 혼자 일하시지 않고 함께하심으로 하나님 나라의 사역을 이루고자 하셨습니다. 그리고 이렇게 함께할 사람들의 선택을 위하여 먼저 진지하게 밤새워 기도하셨습니다.

누가복음 6장 12-13절을 함께 보겠습니다. "이 때에 예수께서 기도하시러 산으로 가사 밤이 새도록 하나님께 기도하시고 밝으매 그 제자들을 부르사 그중에서 열둘을 택하여 사도라 칭하셨으니" 이렇게 선택된 열두 제자가 바로 세계 복음화를 위하여 예수님과 함께한 드림 팀이었던 것입니다.

우리는 흔히 고사성어로 "인사만사(人事萬事)"라는 말을 합니다. 실제로 지나간 역사 속에서 위대한 일을 성취한 리더 곁에는 좋은 참모, 좋은 인재들이 함께하고 있었던 것을 볼 수 있습니다. 반대로 수치스러운 족적을 남긴 리더 곁에는 질이 안 좋은 지도자들이 함께하고 있었음을 봅니다. 그런 경우 '인사만사'가 아닌 '인사망사(亡事)'가 됩니다.

그래서 우리가 지도자를 위해 중보할 때 빠지지 말아야 할 기도 제목이 좋은 사람들이 그 주변에 함께하도록 기도하는 일입니다. 대통령 곁에 좋은 지도자들이 함께하도록 기도하십시오. 시장 곁에도 좋은 지도자들이 함께하도록 기도하십시오. 담임목사님 주변에 좋은 지도자들이 함께하도록 기도하십시오. 목자 곁에도 좋은 사람이 함께하도록 기도하십시오. 남편을 위해서 기도하시는 아내들은 남편 옆에 좋은 사람들이 함께하도록 기도하십시오. 자녀들을 위해 기도하시는 분들도 내 자녀 곁에 좋은 사람들이 함께하도록 기도하십시오. 그래서 예수님이 우리가 늘 잊지 말고 기도해야 할 제목으로 주신 것이 무엇이었습니까? 마태복음 9장 38절을 보십시오. "그러므로 추수하는 주인에게 청하여 추수할 일꾼들을 보내 주소서 하라 하시니라" 그렇습니다. 좋은 사람, 좋은 일꾼은 하나님의 첫 번째 은혜의 방편입니다.

재정입니다

하나님이 에스라에게 첫째로 주신 은혜는 사람들이었고, 두 번째 은혜는 재정이었습니다. 실제로 우리가 어떤 일을 시도할 때 돈은 언제나 필요의 우선순위를 차지합니다. 그래서 제가 가까이 지내는 청지기 세미나를 많이 하시는 김동윤 장로님은 이런 제목의 책을 쓰셨습니다. "예수님 다음으로 돈이 좋아요." 우리도 자주 "뭐니 뭐니 해도 머니"라고 하지 않습니까(손자들을 감동시키는 것은 할머니의 할~머니, 며느리를 감동시키는 것은 시어머니의 시어~머니, 늙은 아들을 감동시키는 것은 어머니의 어~머니, 가장 속상한 일은 내 주머니에서 슬그머니 빠져나간 슬그~머니)?

그런데 돈의 속성은 돈을 쫓아다닌다고 돈이 나를 찾아오는 것은 아니라는 사실입니다. 성경은 돈도 하나님이 주시는 것이라고 가르칩니다. 조금 전에 언급한 중국 선교를 개척한 전설적인 선교사 허드슨 테일러는 "하나님의 방법으로 하는 하나님의 일에 하나님의 지원이 결핍한 일이 결코 없다(God's work done in God's way never lacks God's supply)."라는 유명한 말을 남겼습니다. 그래서 허드슨 테일러가 창립한 선교부인 OMF(본래는 CIM)에서는 선교사들의 재정 원칙을 '믿음 선교(faith-mission)'라고 부릅니다. 선교사로 나갈 때도 하나님이 필요한 재정을 주시면 하나님의 허락이라는 사인으로 알고 나가고, 어떤 프로젝트를 진행할 때도 하나님이 필요한 것을 주시면 하나님의 뜻으로 알고 진행하라는 것입니다. 사람에게 매달려 필요를 구하기보다 하나님의 주권을 신뢰하고 일을 하라는 것입니다.

본문을 보면 이제 에스라가 성전 건축의 비전을 가지고 바벨론에서 하나님이 주신 사람들과 함께 시온의 땅으로 돌아옵니다. 아닥사스다 왕의 조서를 계속 보십시오. 이 하나님을 알지도 못하고 믿지도 않던 왕이 내린 명령을 보십시오. 7장 16-20절을 보십시오. "또 네가 바벨론 온 도에서 얻을 모든 은금과 및 백성과 제사장들이 예루살렘에 있는 그들의 하나님의 성전을 위하여 기쁘게 드릴 예물을 가져다가 그들의 돈으로 수송아지와 숫양과 어린 양과 그 소제와 그 전제의 물품을 신속히 사서 예루살렘 네 하나님의 성전 제단 위에 드리고 그 나머지 은금은 너와 너의 형제가 좋게 여기는 일에 너희 하나님의 뜻을 따라 쓸지며 네 하나님의 성전에서 섬기는 일을 위하여 네게 준 그릇은 예루살렘 하나님 앞에 드리고 그 외에도 네 하나님의 성전에 쓰일 것이 있어서 네가 드리고자 하거든 무엇이든지 궁중창고에서 내다가 드릴지니라"

이 얼마나 놀라운 은혜입니까? 그렇다면 중요한 것은 무엇입니까? 우리가 하나님 보시기에 기뻐할 만한 사람이 되는 일입니다. 돈을 고민하지 마시고 하나님의 사람됨을 고민하십시오. 그러면 하나님의 때에 하나님의 방법으로 우리의 필요는 반드시 풍성하게 채워질 것입니다. faith-mission의 삶을 살았던 조지 뮬러가 그리고 허드슨 테일러가 제일 좋아했던 빌립보서 4장 19절의 약속의 말씀을 다시 기억하고 싶습니다. "나의 하나님이 그리스도 예수 안에서 영광 가운데 그 풍성한 대로 너희 모든 쓸 것을 채우시리라" 에스라에게 재정은 하나님의 은혜의 두 번째 방편이었습니다. 하나님이 기뻐하시는 사람이 하나님의 일을 하도록 필요한 재정을 풍성하게 공급하신 것입니다. 우리도 그런 은혜를 입으시기를 기도하십시다.

지혜입니다

시온의 땅으로 돌아오는 에스라에게 하나님이 베푸신 세 번째 은혜의 방편은 지혜였습니다. 7장 25절의 말씀을 다 같이 읽겠습니다. "에스라여 너는 네 손에 있는 네 하나님의 지혜를 따라 네 하나님의 율법을 아는 자를 법관과 재판관으로 삼아 강 건너편 모든 백성을 재판하게 하고 그 중 알지 못하는 자는 너희가 가르치라"

시온의 새로운 땅에서 성전 건축을 지휘하고 새로운 사회를 건설하는 일에 가장 필요한 것이 무엇이겠습니까? 지혜입니다. 그런데 오늘의 말씀은 그런 지혜, 하나님의 지혜를 에스라에게 주셨다는 것입니다. 오늘날 우리가 살고 있는 시대를 우리는 지식화의 시대, 정보화의 시대라고 부릅니다. 그런데 이런 시대에서 지식보다 정보보다 더 중요한 것이 있는 것을 아십니까? 그것은 지혜입니다. 지혜는 지식이나 정보를 잘 사용하는 판단력입니다. 수많은 고급 정보와 지식이 널려진 세상에서 아직도 우리가 곤고한 세상살이를 하는 이유는 지혜 있는 사람들이 적기 때문입니다. 가정 경영이 잘 되려면 나라 경영이 잘 되려면 무엇이 제일 중요하겠습니까? 지혜 있는 리더들의 필요입니다. 그런데 중요한 것은 이런 지혜를 어떻게 얻을 수 있느냐는 것입니다.

그 대답이 야고보서 1장 5절에 있습니다. "너희 중에 누구든지 지혜가 부족하거든 모든 사람에게 후히 주시고 꾸짖지 아니하시는 하나님께 구하라 그리하면 주시리라" 성경에서 그런 지혜를 구하여 수지 맞는 인생을 산 사람, 생각나십니까? 예, 솔로몬이지요. 그가 지혜를 구할 때 하나님이 얼마나 이를 기뻐하셨는지 보겠습니다. 열왕기상 3장 11-12절을 보십시오. "이에 하나님이 그에게 이르시되 네가 이것을 구하도다 자기를 위하여 장수하기를 구하지 아니하며 부도 구하지 아니하며 자기 원수의 생명을 멸하기도 구하지 아니하고 오직 송사를 듣고 분별하는 지혜를 구하였으니 내가 네 말대로 하여 네게 지혜롭고 총명한 마음을 주노니 네 앞에도 너와 같은 자가 없었거니와 네 뒤에도 너와 같은 자가 일어남이 없으리라"

이런 솔로몬의 지혜가 얼마나 필요한 세상입니까? 새로운 세상 시온에 들어와 지도력을 발휘하게 된 에스라에게 하나님은 그가 에스라에 베푸신 하나님의 지혜를 따라 살 것을 당부하고 계신 것입니다. 지식은 공부로 얻지만, 지혜는 기도로만 얻는 것입니다. 우리가 하루하루 직면하는 수많은 선택의 기로에서 하나님의 지혜를 구하며 살아간다면 우리의 가정살이, 직장살이, 나라 살림 얼마나 달라질까요?

제가 첫 미국 유학을 할 때 신학교 청소를 한 일 년간 한 일이 있었습니다. 처음에는 복도 청소를 하다가 조금 신임을 얻게 되니까 교수님들 사무실을 청소하게 되었습니다. 그래서 "교수님 사무실들은 다 닫혀 있는데 열쇠를 다 각각 주시나요?" 물었더니 청소 감독이 빙그레 웃으면서 "이것 하나면 다 열려요!" 바로 '마스터키(masterkey)'였습니다. 여러분, 하나님의 지혜는 마스터키와 같습니다. 그 키는 모든 상황을 열 수 있고 모든 문제를 풀 수 있습니다. 이 키의 주인 되신 마스터 하나님 앞에 나아와 날마다 그의 지혜를 구하며 사십시오. 우리가 정말 하늘의 지혜를 구하며 사는 사람들이 된다면 이 땅의 삶의 모습들이 달라지지 않겠습니까? 그런 은혜를 사모합시다.

하나님의 은혜가 떠나면 나라도 교회도 산업도 가정도 지탱할 수 없습니다. 그리스도가 이 땅에 오셨을 때 요한은 "우리가 다 그의 충만한 데서 받으니 은혜 위에 은혜러라(요1:16)"고 증언했습니다. 우리를 위해 죽으시고 우리를 위해 다시 사신 그리스도의 은혜가 우리의 삶의 마당에 임하는 이 계절이 되시기를 기도하십시다.

EZRA

PART 12

섬길 자를
데리고 오라

에스라 8장 15-20절

15 내가 무리를 아하와로 흐르는 강 가에 모으고 거기서 삼 일 동안 장막에 머물며 백성과 제사장들을 살핀즉 그 중에 레위 자손이 한 사람도 없는지라 16 이에 모든 족장 곧 엘리에셀과 아리엘과 스마야와 엘라단과 야립과 엘라단과 나단과 스가랴와 므술람을 부르고 또 명철한 사람 요야립과 엘라단을 불러 17 가시뱌 지방으로 보내어 그 곳 족장 잇도에게 나아가게 하고 잇도와 그의 형제 곧 가시뱌 지방에 사는 느디님 사람들에게 할 말을 일러 주고 우리 하나님의 성전을 위하여 섬길 자를 데리고 오라 하였더니 18 우리 하나님의 선한 손의 도우심을 입고 그들이 이스라엘의 손자 레위의 아들 말리의 자손 중에서 한 명철한 사람을 데려오고 또 세레뱌와 그의 아들들과 형제 십팔 명과 19 하사뱌와 므라리 자손 중 여사야와 그의 형제와 그의 아들들 이십 명을 데려오고 20 다윗과 방백들이 레위 사람들을 섬기라고 준 느디님 사람 중 성전 일꾼은 이백이십 명이었는데 그들은 모두 지명 받은 이들이었더라

12. 섬길 자를 데리고 오라

/ 에스라 8장 15-20절 /

　모든 종교의 마당에는 그들의 공동체를 이끌어 가는 전임 사역자들이 존재합니다. 불교에서는 승려(스님), 이슬람에서는 이맘, 유대교에서는 랍비, 가톨릭에서는 그들을 사제 혹은 신부라고 합니다. 개신교에서는 일반적으로 그런 영적 지도자들을 목사라고 칭합니다. 그런데 과연 목사의 존재는 성경적으로 필요하고 타당한 존재일까요? 성경을 읽어보면 의외로 목사(Pastor)라는 단어가 별로 출현하지 않습니다. 실은 꼭 한 번 등장합니다. 에베소서 4장 11절입니다. "그가 어떤 사람은 사도로, 어떤 사람은 선지자로, 어떤 사람은 복음 전하는 자로, 어떤 사람은 목사와 교사로 삼으셨으니" 여기에는 부활하신 주님이 당신의 몸 된 교회 내에 여러 영적 지도자들을 주셨는데 사도,

선지자, 복음 전도자 그리고 그 다음에 목사와 교사를 언급합니다. 초대교회에서 목사는 유일한 지도자가 아닌 여러 영적 지도자들 중의 하나였을 따름입니다. 역사적으로 목사직은 초대교회 이후 교회가 제도화하면서 특히 종교 개혁 이후 발전된 대표적 직제였습니다.

그러면 구약에서는 이런 영적 지도자들을 무엇이라고 불렀을까요? 아마 가장 대표적인 것이 선지자와 제사장이 아니었나 싶습니다. 선지자가 종교 밖에서 주로 활동을 했다면 제사장은 종교 내에 대표적인 지도자였습니다. 그런데 좀 더 광의에서 구약에는 이런 제사장을 선출하는 전임 사역자 족속이 존재하고 있었습니다. 그들을 레위족이라고 부른 것입니다. 광의에서 레위족은 제사장을 포함하고 협의에서는 제사장들을 제외하고 성막 혹은 성전 사역을 전임으로 감당하는 모든 사람들(성전에서 노래하는 자들, 행정을 맡은 자들)을 의미했습니다.

오늘 본문에서 에스라는 이스라엘 백성들을 거느리고 시온으로 돌아가는 대장정에 돌입하면서 일단 그 백성들을 잠시 아하와 강가(유프라데스 강의 한 지류)에 삼 일간 머물게 했다고 15절 이하에 기록합니다. 그곳은 이스라엘 백성들이 많이 모여 살았던 곳으로 추정됩니다. 거기에 머물렀던 이유가 무엇이었습니까? 15절을 다시 보겠습니다. "내가 무리를 아하와로 흐르는 강가에 모으고 거기서 삼 일 동안 장막에 머물며 백성과 제사장들을 살핀즉 그중에 레위 자손이 한 사람도 없는지라" 레위 자손의 부재를 발견한 것입니다. 그들은 어떻게 했습니까? 17절 하반부에 보면 결론이 "우리 하나님의 성전을 위하여 섬길 자를 데리고 오라"는 것입니다. 전임 사역자들을 데리고 오라는 것입니다. 그들이 와야만 그들이 함께 가야만 우리는 시온의 땅에 가서 하나님의 성전을 회복하는 사역을 감당할 수 있겠다는 것입니다.

그렇다면 오늘을 사는 우리에게도 동일하게 이런 레위족속의 존재를 필요로 하는 것일까요? 다시 말하면 이 시대의 전임 사역자관은 무엇이어야 합니까? 우리는 이 질문에 대한 두 가지 극단적이고 대조적인 사제관과 만나게 됩니다.

두 개의 대조적인 사제관, 무엇입니까?

'사제 절대주의'입니다

지금 본문에서 에스라가 레위족이 없이는 우린 시온의 땅으로 갈 수 없다고 말하는 이유, 그들이 없이 하나님을 향한 제사나 예배가 불가능하기 때문입니다. 그들 특히 제사장(Priest, 사제)의 존재는 하나님과 하나님의 백성들 사이를 연결하는 중보자였기 때문입니다. 그 시대 제사장은 절대로 필요한 중보자였습니다. 그들이 없이는 누구도 하나님께 나아갈 수 없었기 때문입니다. 그런데 문제는 지금 이 시대도 그것이 사실인가라는 것입니다. 아닙니다. 신약시대 예수님이 이 땅에 오실 때 그는 마지막 대제사장으로 오셔서 인간과 하나님 사이의 유일한 길, 유일한 중보자가 되어 주신 것입니다.

히브리서 10장 11-12절의 말씀을 보겠습니다. "제사장마다 매일 서서 섬기며 자주 같은 제사를 드리되 이 제사는 언제나 죄를 없게 하지 못하거니와 오직 그리스도는 죄를 위하여 한 영원한 제사를 드리시고 하나님 우편에 앉으사" 이어지는 히브리서 10장 19절을 보겠습니다. "그러므로 형제들아 우리가 예수의 피를 힘입어 성소에 들어갈 담력을 얻었나니" 이제 누구든지 예수님을 통해 하나님 앞에 직접 나아가게 된 것입니다. 이 위대한 진리를 신약 성경을 통해 발견한 것이 소위 종교 개혁의 도화선이 된 것입니다.

종교개혁은 소위 제사장관을 변화시킨 것입니다. 종교개혁이 발견한 중요한 성경 진리의 하나가 〈만인 제사장직〉 혹은 〈전신자의 제사장직(Priesthood of all believers)〉이었던 것입니다. 구약시대처럼 특별한 사람만 제사장이 아니라 신약의 가르침에 의하면 예수 믿는 모든 사람이 다 사제 혹은 다 제사장이라는 것입니다. 베드로전서 2장 9절의 말씀을 함께 읽습니다. "그러나 너희는 택하신 족속이요 왕 같은 제사장들이요 거룩한 나라요 그의 소유가 된 백성이니 이는 너희를 어두운 데서 불러내어 그의 기이한 빛에 들어가게 하신 이의 아름다운 덕을 선포하게 하려 하심이라"

택함 받은 모든 하나님의 백성들이 모두 다 제사장들이라는 것입니다. 이제 예수 그리스도 한 분만이 중보자요 그를 통해 모든 신자들이 하나님께 직접 나아와 하나님과 교통하게 된 것입니다. 이것은 소위 전임 사제직에 대한 중요한 문제를 제기하기에 이르렀습니다. 그리고 사실상 종교 개혁과 함께 중보자로서의 사제 절대주의는 무너진 것입니다. 그럼에도 불구하고 우리 중에는 심지어 개신교 지도자들 중에도 아직도 구약시대의 사제와 같은 이미지를 투사한 리더십을 구사하며 회중에게 절대적 추종을 요구하는 교주형 독재적 리더들이 있다는 것은 불행한 일입니다. 이런 지도자들이야말로 시대착오적 리더십이라 하지 않을 수 없습니다.

그렇다면 이제 사제는 더 이상 필요하지 않은 것이 아닌가라는 또 다른 문제가 제기됩니다. 이런 또 하나의 극단적 사제관을 '사제 무용주의'라 칭합니다. 그렇습니다. 여기 오늘날 존재하는 또 하나의 사제관, '사제 무용주의'입니다.

'사제 무용주의'입니다

종교개혁 이후 개신교 일부 교파 중에는 이런 사제 무용주의를 지지하는 그룹들이 생겨났습니다. 대표적인 것이 무교회주의, 혹은 형제 교단, 아나 뱁티스트(Anabaptist, 재침례파, 메노나이트(Mennonites))등이 그렇습니다. 이들은 나름대로 평신도 지도력을 극대화하는 매력을 지닌 공동체를 발전시켰음에도 불구하고 전임 사역자 제도를 부인하는 공통점을 갖습니다. 그러나 이것이 과연 성경적인 교회

관의 리더십의 관점에서 타당한가라는 또 다른 질문이 제기됩니다. 구약적인 제사장 제도 혹은 사제 제도는 십자가 사건 이후 무너졌지만, 과연 신약 성경은 전임 사역자 제도 혹은 영적 지도자의 존재 자체를 전면적으로 부인하고 있는가라는 것입니다.

사도행전 6장에 보면 초대교회에 구제 문제를 둘러싼 갈등이 생겼을 때 집사직의 기원이 된 성령과 지혜가 충만한 일곱 명에게 이 일을 맡기며 사도들은 오직 기도와 말씀 사역에 전념하기로 작정하는 것을 볼 수 있습니다. 여기 신약시대이지만 일종의 영적 사역을 전담하는 역할을 감당한 사도들의 출현을 볼 수 있습니다. 그리고 이어서 신약에 등장하는 영적 지도자가 감독입니다. 오늘날은 목사들 위에 있는 지도자를 감독으로 생각하지만, 초대교회는 작은 교회 내 지도자들도 모두 감독으로 불리었습니다.

빌립보서 1장 1절을 보십시오. "그리스도 예수의 종 바울과 디모데는 그리스도 예수 안에서 빌립보에 사는 모든 성도와 또한 감독들과 집사들에게 편지하노니" 여기 오늘날의 통상 목사에 해당하는 직책이 감독으로 표기되고 있는 것을 주목해 보십시오. 감독은 영어로 'Overseer(bishop보다 더 좋은 번역)', 돌보는 자 즉 교회와 양 무리를 잘 돌아보는 자를 감독이라고 불렀던 것입니다. 성경은 본래 예수님을 우리 영혼의 목자와 감독이라고 부릅니다. 베드로전서 2장 25절입니다. "너희가 전에는 양과 같이 길을 잃었더니 이제는 너희 영혼의 목자와 감독 되신 이에게 돌아왔느니라" 그런 예수님을 보필하는 양

무리의 영혼의 감독들이 바로 신약시대의 영적 지도자들이었습니다. 신약에서 감독이라는 명칭 말고 또 하나 자주 사용되는 호칭은 장로였습니다. 이 장로는 오늘날의 장로와 같은 직제가 아닌 존경할 만한 어른이라는 의미에서 단순하게 'elder'라고 불린 것입니다.

그렇습니다. 구약 시대와 같은 중보자로서의 사제는 사라졌지만, 공동체와 영혼들을 이끌어가는 전임 사역의 리더십을 성경은 여전히 가르치고 있다는 사실입니다. 여기서 우리는 사제 무용주의가 지도자 무용론으로 발전되는 것은 바람직하지 못하다는 진리를 확인하게 됩니다. 신약성경은 이런 영적 리더십을 존중할 것을 여전히 가르치고 있다는 사실입니다. 예컨대 디모데전서 5장 17절을 보십시오. "잘 다스리는 장로들은 배나 존경할 자로 알되 말씀과 가르침에 수고하는 이들에게는 더욱 그리할 것이니라" 특히 신약성경은 이런 리더십에 대한 비판과 고발을 조심하라고 가르칩니다. 왜냐하면, 리더십의 흔들림은 바로 공동체의 쇠락을 의미하기 때문입니다. 디모데전서 5장 17절에 이어지는 19절의 말씀을 보십시오. "장로에 대한 고발은 두세 증인이 없으면 받지 말 것이요"

그런 의미에서 오늘날에도 말씀 사역에 헌신하는 전임 사역자들의 존재는 여전히 귀하게 취급되어야 한다는 결론을 내릴 수 있습니다. 한 공동체가 이런 리더십에 대한 존경을 포기할 때 그 공동체의 미래는 암담할 수밖에 없습니다. 우리는 이런 가르침의 빛 안에서 본문으로 돌아가 에스라를 도와 성전 기구들을 운반하고 장차 성전 사역을 감당할 레위인들의 존재를 다시 들여다볼 필요가 있습니다. 에스라는 그 시대의 영적 부흥을 견인하기 위하여 이들 전임 사역자들의 존재를 필요로 한 것입니다.

다시 본문 17절의 말씀입니다. "우리 하나님의 성전을 위하여 섬길 자를 데리고 오라" 그렇다고 그들은 레위인이라고 아무나 될 수 있는 것이 아니었습니다. 우리는 다음 18절에서 에스라가 어떤 레위인들을 부르고 있는지를 알 수 있습니다. "우리 하나님의 선한 손의 도우심을 입고 그들이 이스라엘의 손자 레위의 아들 말리의 자손 중에서 한 명철한 사람을 데려오고" 보이십니까? 한 명철한 레위인이라고 기록하고 있습니다. 다음에 언급된 세레뱌가 바로 그 사람이었다고 생각됩니다. 그런데 여기 사용된 명철이란 영어 단어는 'astute'입니다. 그것은 지혜 이상으로 '통찰력이 있다'라는 의미입니다. 어떤 영어 번역은 'man of understanding', 상황 파악을 잘하고 이해성이 밝은, 달리 말하면 판단력이 탁월한 사람입니다.

그렇다면 사랑하는 여러분 오늘날도 하나님 나라의 영적 사역을 감당할 전임 사역자들의 존재는 여전히 필요한 것이며 우리는 이 시대에도 명철한 사람들, 곧 통찰력 있는 지도자들이 주의 일에 헌신할 수 있기를 기도해야 할 것입니다. 과거에 우리는 이 땅에서 예비고사에 떨어진 사람들이 목사가 된다는 말이 회자되는 것을 듣곤 했습니다. 어쩌면 한국교회는 오늘 그 대가를 지불하고 있는지도 모릅니다. 과거에(어쩌면 지금도 동일한 현상) 우리는 똑똑하고 잘난 내 자식들이 전임 사역자, 즉 목사가 된다고 하면 교회 제직들까지도 나서서 이를 말리고 반대하곤 했습니다. 그리고 오늘 우리는 못난 교회 지도자들이 제 역할을 감당 못 한다고 비판합니다. 누구의 책임일까요?

그렇다면 여기 중요한 질문이 있습니다. 이제 이 땅에 다시 일어나야 할 부흥을 위하여 우리는 우리의 가장 잘 나가는 지혜로운 자식들을 하나님 나라에 드릴 준비가 되어 있는 것일까요? 아브라함이 약속의 아들 이삭을 모리아의 제단에 드리고자 한 것처럼 우리도 우리의 잘난 자녀들을 기꺼이 십자가의 제단에 바칠 준비가 되어 있느냐고 묻는 것입니다. 그래서 오늘도 시대와 함께 변치 않는 하나님의 말씀은 저와 여러분에게 도전합니다. "섬길 자들을 데리고 오라" 이 시대의 영적 부흥을 견인할 전임 사역자가 필요하다고 말입니다.

한때, 이 땅의 신학교들에는 지원자가 넘쳐나고 선교사 헌신자도 넘쳐나던 때가 있었습니다. 그러나 이런 현상은 이제 그리운 과거가 되고 말았습니다. 그렇다고 가만있어야 한단 말입니까? 시대의 조류와 상관없이 하나님은 오늘도 말씀하십니다. "내 교회, 내 나라를 섬길 자를 데리고 오라" 이 시대의 전임 사역자들을 부르고 계십니다.

EZRA

PART 13

지금은 금식하며
간구할 때

에스라 8장 21-23절

◆에스라 8장 21-23절

²¹ 그 때에 내가 아하와 강 가에서 금식을 선포하고 우리 하나님 앞에서 스스로 겸비하여 우리와 우리 어린 아이와 모든 소유를 위하여 평탄한 길을 그에게 간구하였으니 ²² 이는 우리가 전에 왕에게 아뢰기를 우리 하나님의 손은 자기를 찾는 모든 자에게 선을 베푸시고 자기를 배반하는 모든 자에게는 권능과 진노를 내리신다 하였으므로 길에서 적군을 막고 우리를 도울 보병과 마병을 왕에게 구하기를 부끄러워 하였음이라 ²³ 그러므로 우리가 이를 위하여 금식하며 우리 하나님께 간구하였더니 그의 응낙하심을 입었느니라

13. 지금은 금식하며 간구할 때
/ 에스라 8장 21-23절 /

1600년대 초는 영국 역사의 격동기였습니다. 영국 제임스 1세는 비국교도들에 대한 엄중한 감시와 박해를 강화하고 있었습니다. 자유롭게 성경을 따라 신앙의 표현을 하고 싶었던 이들 가운데 적지 않은 이들(비국교도들, 분리주의자들)이 상대적으로 관대한 신앙의 자유를 허용하고 있었던 지금의 네덜란드, 곧 화란으로 망명길을 택하고 있었습니다. 그런 지도자들 중에 존 로빈슨(John Robinson) 목사, 윌리엄 브루스터(William Brewster) 장로, 윌리엄 브래드포드(William Bradford, 나중에 청교도들이 정착한 미국 플리머츠 식민지 총독이 됨) 같은 이들이 있었습니다.

케임브리지 대학에서 신학을 한 존 로빈슨은 화란 레이든 시 회중교회의 목사가 되어 청교도 신앙의 이상을 설교하고 필요하다면 그들만의 꿈을 펼치기 위한 신대륙에로의 이주를 도전하고 있었습니다. 드디어 1620년, 그 회중 가운데 35명이 메이플라워 배에 승선하여 신대륙에로의 이주를 시작했고, 영국에서 다시 67명이 가세하여 모두 102명이 미합중국 대륙을 향해 떠나게 되었습니다. 존 로빈슨 목사는 목회의 책임 때문에 나중에 합류하기로 했고 윌리엄 브루스터 장로와 윌리엄 브래드퍼드가 지도자가 되어 떠나게 된 것입니다.

존 로빈슨 목사는 이들 미합중국으로 떠나는 청교도 무리(필그림 조상들, Pilgrim Fathers)를 전송하며 금식하고 예배를 인도했습니다. 그때 존 로빈슨 목사가 낭독하고 설교한 본문이 바로 오늘의 본문 에스라 8장 21-23절의 말씀이었습니다. 아마 본문에 에스라가 이스라엘 백성들을 데리고 시온의 땅으로 출발하기 전, 아하와 강가에서 금식을 선포하고 기도한 모범을 따르고자 한 것으로 보입니다.

그때부터 시작하여 청교도들이 개척한 나라 미합중국은 적어도 그 역사의 초창기에는 위기를 맞이할 때마다 나라의 지도자들이 금식하고 나라를 위해 기도하는 전통이 생겨났습니다. 미국의 국부 조지 워싱턴(George Washington), 2대 존 애덤스(John Adams), 4대 제임스 메디슨(James Madison)이 그렇게 했고 유명한 에이브러햄 링컨(Abraham Lincoln)은 1863년 4월 30일 국가적 선언문을 발표합니다. 그중에 이런 대목이 있습니다.

"우리는 그동안 하나님의 선택된 은혜를 받아왔고 평화와 번영을 누려왔습니다. 그러나 최근 우리는 하나님을 잊었습니다. 우리의 평화를 지켜주고 인적으로나 자원적으로 혹은 국력 면에서 우리를 강하게 한 축복의 손을 잊었던 것입니다. 우리는 이제 진노하시는 권능 앞에 자신을 쳐서 낮추고 우리의 국가적인 죄를 고백하고 관용과 용서를 구해야 한다고 생각합니다. 나는 이제 의회의 요청을 받아들여 그들의 결의에 따라 1863년 4월 30일 수요일을 이 나라 국민 모두가 국가적으로 회개하고 금식하고 기도하는 날로 지킬 것을 선포하는 바입니다. 온 국민이 힘을 합하여 부르짖는다면 높은 곳에서 들으실 것이요, 우리와 국가의 죄를 용서하실 뿐 아니라 은혜로써 응답하셔서 우리나라를 전과 같이 하나가 되게 하시며 평화를 회복시켜 주실 것입니다."

사랑하는 여러분 지금 이 나라 이 땅에도 이런 날이 필요하다고 생각되지 않으십니까? 해방 70여 년 아직도 남북이 대치하며 국력을 소모하고 북의 동포들은 공포정치 아래 신음하고 자유를 상실한 채 빵에 굶주려 있는 이 현실을 보며 지금이야말로 금식하며 간구할 때가 아닌지요? 정녕 오늘을 사는 우리에게도 이런 금식과 간구가 필요한 이유가 무엇 때문일까요? 그 이유를 우리는 본문에서 찾고자 합니다.

오늘의 우리에게도 금식과 간구가 필요한 이유, 무엇 때문입니까?

우리의 겸비한 삶을 위한 것입니다

본문 21절을 다시 보겠습니다. "그 때에 내가 아하와 강가에서 금식을 선포하고 우리 하나님 앞에서 스스로 겸비하여 우리와 우리 어린아이와 모든 소유를 위하여 평탄한 길을 그에게 간구하였으니" 여기 에스라 자신이 금식을 선포하며 그 이유를 '스스로 겸비하기 위해서(humble ourselves)'라고 밝히고 있습니다. 하나님이 제일 싫어하시는 사람들이 누구인지 아십니까? 교만한 사람들입니다. 사도 베드로는 "하나님은 교만한 자를 대적하시되(벧전 5:5)"라고 했습니다. 그런데 중요한 사실은 누구나 자기도 모르게 교만해질 수 있다는 것입니다. 특히 인생이 잘 풀리고 앞길이 환하게 열릴 때 우리는 교만의 유혹을 받습니다. 그런데 교만해지는 순간 우리는 하나님의 적이 되는 것입니다. 그래서 교만해지는 자리에 설수록 겸손을 연습해야 합니다. 이런 겸손의 연습으로 예부터 우리의 선배들은 금식을 겸비를 위한 중요한 영성훈련으로 실천해 왔습니다.

일찍 『하나님이 기뻐하시는 금식(God's chosen fast)』이란 책을 쓴 아서 월리스(Arthur Wallis)는 "배부름과 교만이 짝이라면 굶주림과 겸손이 짝"이라고 말합니다. 우리는 모두 배부를 때 교만해집니다. 그러나 굶주릴 때 하늘의 도움을 구하는 겸비의 자리에 서는 것입니다. 금식으로 굶주릴 때 우리는 생존을 하나님께 의지할 수밖에 없습니다. 겸비는 바로 하나님을 의지하는 마음인 것입니다. 그래서 하나님은 이스라엘 백성들에게 일 년에 한 차례 속죄일에 금식하도록 명하셨고 스가랴 시대에 이르러는 일 년에 4차례 정기적으로 금식하게 하셨습니다. 스가랴 8장 19절을 보실까요? "만군의 여호와가 이같이 말하노라 넷째 달의 금식과 다섯째 달의 금식과 일곱째 달의 금식과 열째 달의 금식이 변하여 유다 족속에게 기쁨과 즐거움과 희락의 절기들이 되리니 오직 너희는 진리와 화평을 사랑할지니라"

  금식은 괴로움의 시간입니다. 그러나 이것을 잘 통과한 사람들은 말할 수 없는 기쁨과 즐거움의 영적 유익을 얻는 것입니다. 그래서 예수님도 산상수훈에서 "금식할 때에 너희는 외식하는 자들과 같이 슬픈 기색을 보이지 말라 … 머리에 기름을 바르고 얼굴을 씻으라(마 6:16-17)"고 말씀하십니다. 여기 예수님이 '만일 너희가 금식한다면 ~'이라고 말씀하시지 않은 것도 유의해 보십시오. '금식할 때~'라고 말씀하십니다. 금식은 초대교회에서는 매우 보편적인 영적 실천이었음을 알 수 있는 대목입니다. 우리 시대의 교회와 성도들이 영적 야성을 회복하기 위해서 무엇보다 이런 금식의 실천이 회복되었으면 좋겠습니다. 여기서 제가 말하는 금식은 40일, 21일(세 이레) 등 그런 장기간의 금식이 아니라, 성경에 가장 보편적이었던 하루나 사흘 금식을 뜻하는 것입니다. 그렇다고 그 기간에 음식만 삼가는 것이 아니라 그 시간에 기도하는 것입니다. 저는 이런 금식의 회복만이라도 이뤄진다면 굉장한 영적 회복의 기회가 되리라고 믿습니다.

위기 앞에서의 보호를 위한 것입니다

지금 에스라가 자기 민족에게 금식을 선포한 가장 실제적이고 현실적인 이유는 무엇 때문이었습니까? 다시 21절 말씀을 살펴보시면 "우리와 우리 어린아이와 모든 소유를 위하여 평탄한 길을 그에게 간구하였으니"라고 고백합니다. 지금부터 먼 길 적어도 3개월 반의 행진에서 부녀자와 노약자, 특히 어린아이들 그리고 가축들과 그들의 재산, 성전 가구들까지도 무사하게 운반하기 위해서 얼마나 많은 걱정이 있었겠습니까? 중간에 이들을 노리는 약탈자들의 공격이 있다면, 아니 전염병이라도 돈다면 그들의 모든 귀환의 노력은 물거품이 될 수도 있었습니다. 어찌 기도하지 않을 수 있겠습니까? 보통 기도로 되겠습니까? 그것이 금식을 선포하게 된 중요한 이유였던 것입니다.

22절에 보면, 에스라가 이스라엘 백성 앞에 흥미로운 고백을 하고 있습니다. "이는 우리가 전에 왕에게 아뢰기를 우리 하나님의 손은 자기를 찾는 모든 자에게 선을 베푸시고 자기를 배반하는 모든 자에게는 권능과 진노를 내리신다 하였으므로 길에서 적군을 막고 우리를 도울 보병과 마병을 왕에게 구하기를 부끄러워 하였음이라"

무슨 말씀입니까? 하나님이 도울 것을 믿기 때문에 나는 왕이 나를 좋게 생각하지만, 왕에게 군대의 보호를 청하지 않았다는 것입니다. 스스로 배수진을 친 것입니다. 같은 시대의 느헤미야의 경우에는 귀국하면서 그는 군대와 함께 갔습니다. 느헤미야 2장 9절을 보십시오. "군대 장관과 마병을 보내어 나와 함께하게 하시기로 내가 강 서쪽에 있는 총독들에게 이르러 왕의 조서를 전하였더니" 그러니까 에스라가 느헤미야보다 더 철저하게 배수진을 치고 오직 하나님만을 의지한 셈이지요. 그래서 더더욱 기도할 수밖에 없다는 것입니다. 그래서 에스라가 금식을 선포한 것입니다.

유명한 중보 기도자 리즈 하윌즈(Rees Howells)는 나치 독일 공군의 무차별 공격을 받는 상황에서 저녁마다 금식하며 웨일스 성경 대학 가족들과 영국에 대한 하나님의 특별한 보호를 위해 기도했습니다. 그런데 1940년 9월 15일 독일 공군이 결정적 승리를 앞둔 시점에서 10분간에 걸쳐 이유 없는 퇴각을 하는 이상한 일이 벌어졌습니다. 당시 영국의 공군 대장 다우딩(Dowding)경은 이것은 하나님의 개입이 없이 일어날 수 없고 설명할 수 없었던 사건이라고 증언합니다. 그러나 우리는 압니다. 그것이 바로 금식하며 간구한 중보자들에 대한 하나님의 응답인 것을! 오늘 혹시 인생의 위기 앞에 서 계신 분들이 계십니까? 왜 기도를 안 하십니까? 그냥 기도 말고 간구를 말입니다. 그냥 간구 말고 금식하며 간구해 보지 않으시겠습니까?

공동체의 복된 내일을 위한 것입니다

마지막으로 에스라가 이런 금식 하며 간구한 가장 중요한 이유는 '우리'라는 민족 공동체를 위한 것이었다는 것을 간과해서는 안 됩니다. 오늘 본문에 반복되는 가장 중요한 단어는 '우리'라는 단어입니다. 21절에 "우리와 우리 어린아이" 22절에 "우리가 전에 우리 하나님의 손은 우리를 도울 보병과 마병을" 23절에 "그러므로 우리가 이를 위하여 금식하여 우리 하나님께" 그의 기도의 모티브는 단순히 개인의 사사로운 이익이 아닌 민족 공동체의 유익을 위한 것이었습니다. 그것이 우리 주님도 우리에게 주의 기도를 가르치며 가르치신 기도의 내용이 아니었습니까? "하늘에 계신 우리 아버지여 이름이 거룩히 여김을 받으시오며 오늘날 우리에게 일용할 양식을 주옵시고 우리 죄를 사하여 주옵시고 우리를 시험에 들게 하지 마옵시고" 사사로운 개인 나 혼자만이 잘 먹고 잘 사는 인생이 아니라, 우리가 함께 살 먹고 우리가 함께 잘 승리하는 인생을 위한 공동체의 기도인 것입니다.

성경은 우리가 기도해도 응답 안 되는 가장 중요한 이유가 무엇이라고 가르치십니까? 야고보서 4장 3절입니다. "구하여도 받지 못함은 정욕으로 쓰려고 잘못 구하기 때문이라" 그래서 우리 하나님은 우리를 위한 기도, 공동체를 위한 기도를 기뻐하십니다. 이제 다시 본문 23절을 읽어 보십시오. "그러므로 우리가 이를 위하여 금식하며 우리 하나님께 간구하였더니 그의 응낙하심을 입었느니라" 저는 그 축복이 또한 오늘 우리가 모두 누리는 축복이 되기를 기도합니다. 그렇다고 금식 자체를 상황을 바꾸는 마술처럼 오해해서는 안 됩니다. 그래서 성경은 하나님이 기뻐하시는 금식과 그렇지 못한 금식을 철저하게 구별하고 있습니다.

먼저 이사야 58장 3절의 경고를 보십시오. "우리가 금식하되 어찌

하여 주께서 보지 아니하시오며 우리가 마음을 괴롭게 하되 어찌하여 주께서 알아주지 아니하시나이까 보라 너희가 금식하는 날에 오락을 구하며 온갖 일을 시키는도다" 진정한 금식은 음식의 절제뿐 아니라 삶의 모든 영역에서의 절제를 통한 간구여야 한다는 것입니다. 그때 그러할 때 우리는 주가 기뻐하시는 금식의 능력을 경험하게 될 것입니다. 이제 이어지는 이사야 58장 6절의 약속을 기억하십시다. "내가 기뻐하는 금식은 흉악의 결박을 풀어 주며 멍에의 줄을 끌러 주며 압제당하는 자를 자유하게 하며 모든 멍에를 꺾는 것이 아니겠느냐" 지금 이런 금식이 필요한 때가 아닌가요? 내 인생이 그리고 우리 가정이 그리고 더 나아가 우리 민족이 참된 자유를 되찾고 남북이 평화로 하나 되는 기적을 보기 위하여. 지금이야말로 우리가 금식하며 간구할 때가 아닌가요!

저는 이 말씀을 준비하면서 저 자신부터 한 달에 적어도 하루는 꼭 금식의 날을 가져야 하겠다고 결심하게 되었습니다. 우리가 참으로 겸비하여 금식하고 간구한다면 이 땅에 우리 한국 교회에 우리 가정에도 새날이 시작될 것입니다. 새 역사가 시작될 것입니다.

EZRA

PART 14

하나님이
보우하사

에스라 8장 31-36절

◆ 에스라 8장 31-36절

³¹ 첫째 달 십이 일에 우리가 아하와 강을 떠나 예루살렘으로 갈새 우리 하나님의 손이 우리를 도우사 대적과 길에 매복한 자의 손에서 건지신지라 ³² 이에 예루살렘에 이르러 거기서 삼 일 간 머물고 ³³ 제사일에 우리 하나님의 성전에서 은과 금과 그릇을 달아서 제사장 우리야의 아들 므레못의 손에 넘기니 비느하스의 아들 엘르아살과 레위 사람 예수아의 아들 요사밧과 빈누이의 아들 노아댜가 함께 있어 ³⁴ 모든 것을 다 세고 달아 보고 그 무게의 총량을 그 때에 기록하였느니라 ³⁵ 사로잡혔던 자의 자손 곧 이방에서 돌아온 자들이 이스라엘의 하나님께 번제를 드렸는데 이스라엘 전체를 위한 수송아지가 열두 마리요 또 숫양이 아흔여섯 마리요 어린 양이 일흔일곱 마리요 또 속죄제의 숫염소가 열두 마리니 모두 여호와께 드린 번제물이라 ³⁶ 무리가 또 왕의 조서를 왕의 총독들과 유브라데 강 건너편 총독들에게 넘겨 주매 그들이 백성과 하나님의 성전을 도왔느니라

14. 하나님이 보우하사

/ 에스라 8장 31-36절 /

　우리 교회 예배에 참여한 분들 중에 광복절과 같은 특별한 날에 예배시간 중에 애국가를 부르는 것을 의아하게 생각하는 분들이 계신 줄 압니다. 이메일로 이 문제에 대하여 질문을 받은 적도 있습니다. 그래서 어떤 교회에서는 예배와 별도로 분리하여 예배 전에 혹은 예배 후에 애국가를 부르는 것도 볼 수 있습니다. 그런데 여러분, 본래 애국가가 찬송가였다는 것을 아십니까? 1907년에 발간된 「찬미가」에 이 애국가가 실려 있었습니다. 애국가는 본래 찬송가였다는 사실입니다. 이 애국가의 작사자에 대하여는 대체로 안창호 설, 윤치호 설, 그리고 최병헌 목사(윤치호가 다니던 정동감리교회 목사)설, 그리고 최병헌+윤치호 합작설도 존재하지만, 이것을 진지하게 연구한 이들에 의해서는 거의 윤치호 설이 정설로 되어 있습니다. 그 자손들에 의해 윤치호 선생이 쓴 친필 사본도 공개된 바가 있습니다.

본래 이 애국가가 「찬미가」에 실릴 때에는 스코틀랜드 민요 '올드 랭사인(Auld Lang Syne)'에 곡을 붙여 불려졌습니다. 그런데 도산 안창호 선생이 주축이 되어 창립된 샌프란시스코 한국인연합 감리교회에 1931년 작곡가 안익태 선생이 방문했다가 애국가를 올드 랭 사인으로 부르는 것을 듣고 충격을 받아 오늘의 애국가 곡(1935)으로 만들게 된 것입니다. 일설에 의하면 안창호 선생의 제안을 따라 애국가 가사의 일부인 "성자신손 오백 년은 우리 황실이요"를 "동해물과 백두산이 마르고 닳도록"으로, 그리고 "우리 대한 만세"를 "우리나라 만세"로, 그리고 "이 기상과 이 맘으로 임금을 섬기며"를 "이 기상과 이 맘으로 충성을 다하여"로 고친 것이라고 전해지기도 합니다. 그 후 이 노래는 1941년 김구 선생의 적극적인 찬동으로 임시 정부 국가로 채택되었고, 1948년 제헌국회는 이 애국가를 국가로 채택하게 되었습니다.

제가 오늘 이 애국가를 찬송가의 하나로 확인하며 특별한 날 함께 부르는 중요한 이유가 있습니다. 이 애국가에는 우리 민족의 신앙고백이 들어 있기 때문입니다. 어떤 대목입니까? 바로 "하나님이 보우하사 우리나라 만세"입니다. 이것은 마치 이스라엘 백성이 바벨론 아하와 강을 떠나 마침내 석 달 반 만에 에스라의 인도로 예루살렘에 도착했을 때의 고백을 연상시키고 있습니다. 31-32절을 보시면 "우리 하나님의 손이 우리를 도우사" 여기에 이르게 하셨다는 것입니다. 우리 식으로 말하면 하나님이 보우하사 여기에 이르게 하셨다는 것입니다. 해방 70주년을 넘어서는 오늘날 이 본문의 고백을 통해 우리 민족이 하나님 앞에서 두 가지 할 일이 있음을 살펴보고자 합니다.

두 가지 할 일, 무엇일까요?

하나님의 선하신 도움을 인정해야 할 일입니다

다시 본문 31절을 보겠습니다. "첫째 달 십이 일에 우리가 아하와 강을 떠나 예루살렘으로 갈새 우리 하나님의 손이 우리를 도우사 대적과 길에 매복한 자의 손에서 건지신지라" 이 구절은 이스라엘 백성이 에스라의 인도를 따라 바벨론에서 예루살렘으로 오는 여정에서 여러 차례 결정적인 위기들이 있었음을 시사해 주고 있습니다. 그러나 하나님의 손이 그들을 도우셨다는 것입니다. 그것을 에스라서 전체를 통해 반복적으로 고백합니다. 7장 9절과 비교해 보십시오. "첫째 달 초하루에 바벨론에서 길을 떠났고 하나님의 선한 손의 도우심을 입어 다섯째 달 초하루에 예루살렘에 이르니라" 그것은 정녕 하나님의 선한 손길의 기적적인 간섭이 없이는 불가능한 역사였습니다. 그것을 인정하고 고백하는 일, 그것이 그들이 첫째 할 일이었던 것입니다. 그렇다면 우리 민족도 그것을 먼저 인정하고 고백함이 합당한 일이 아니겠습니까? 우리 민족의 근세사에는 망국의 결정적인 위기가 두 번 있었습니다.

한 번은 일제의 식민지 통치로 우리는 언어도 이름도 잃고 정체성도 상실하고 일본에 합병된 노예로 살게 된 일입니다. 만일 일본의 패전이 없었다면 지금쯤 우리나라는 어떻게 되었을까요? 어느 날 갑자기 일본의 패전과 함께 해방이 왔습니다. 그것이 바로 70여 년 전의 일입니다. 고 함석헌 선생은 그의 명저『뜻으로 본 한국 역사(본래는 성서적 입장에서 본 조선 역사)』에서 이 해방을 도둑같이 온 하늘의 선물이라고 했습니다. 직접 인용해 보겠습니다.

"알아야 할 것은 이 해방은 하늘에서 온 것이라는 것이다. 아무도 모른 것은 아무도 꾸민 사람이 없기 때문이다. 사람이 꾸미지 않고 온 것은 하늘의 선물이다. 이것은 하늘에서 직접 민중에게 준 해방이다. 아무도 이에 대하여 공로를 주장할 중간적인 자가 없다. 종이 될 때 별로 반항도 못 하고 되었던 것 같이 놓일 때도 아무 힘쓴 것 없이 갑자기 뜻밖에 놓였다. 어느 인물이 힘써서 된 것도 아니요 어느 파가 투쟁을 해서 된 것도 아니다. 그러므로 하늘이 했다는 것이다 (pp.395-396)."

그러나 해방이 되었을 때 일제의 극심한 탄압 속에서도 우리가 우리말을 잃지 않고 있었던 것, 그리고 애국정신을 잃지 않고 있었다는 것은 기억해 둘 의미 있는 일이었습니다. 그것은 한글 성경을 통한 문맹퇴치요 애국의 교육 때문이었습니다. 그 한복판에 교회가 있었습니다. 지금보다 훨씬 적은 수의 교인들이었지만 당시 애국지사의 절반 이상을 교회가 낳아 주었다는 것입니다. 해방되었을 때 누가 애국가를 가장 감동적으로 부를 수 있었겠습니까? "하나님이 보우하사 우리나라 만세!"

또 한 번의 망국의 위기는 6·25 전쟁이었습니다. 이 전쟁은 군인 97만, 민간인 250만에 가까운 사상자를 내었습니다. 당시 남북한 인구 2천5백만 중 1,800만 명이 직간접의 피해를 입었으며, 나라의 기간시설 70%가 무너지고 국토는 벌거벗은 황폐한 산하가 되었고, 거리에는 가난과 기아가 넘쳐나고 무수한 과부와 고아와 거지들을 남긴 전쟁이었습니다. 함석헌 선생의 말을 빌리면 이 금수강산을 세계의 공동묘지로 만든 전쟁이었습니다. 세계 모든 나라가 그 사람 중에 잘난 것들을 택하고 기계의 날카로운 것을 사용하여 이 나라 강산을 두루 밟으며 3년을 어우러져 싸워 붉은 피를 붓고 엎드러진 인류의 제단이 된 것입니다. 전 세계 25개국(전쟁 물자를 보낸 나라까지 합하면 40개국 이상)이 관련되어 세계 역사상 유례없는 참상을 이 땅에서 연출한 망국의 전쟁이었습니다. 한때 소위 낙동강 방어선까지 후퇴하여 망명정부 수립을 의논할 정도로 북한군에게 국토의 거의 전부를 내어 준 위기에 몰린 전투였습니다.

만일 이 전쟁에 UN군의 참전이 없었다면 지금 우리나라는 어떻게 되었을지 상상을 불허하는 비참한 전투였습니다. 그런데 이 전쟁의 가장 큰 미스터리는 왜 구소련(소비에트 연방)이 UN안보리의 유엔군 파병 결의 때 거부권을 행사하지 않았는가라는 사실입니다. 여하튼 맥아더 장군의 유명한 인천상륙작전으로 전세는 역전될 수 있었고 오늘의 상황으로 이 비극적인 전쟁은 종전이 아닌 휴전으로 막을 내렸습니다.

그런데 이 전쟁의 한복판에서 전쟁 못지않게 치열하게 불타오른 것이 이 국난을 극복하기 위한 구국기도였음을 잊지 말아야 합니다. 부산으로 피난 온 민족의 지도자들은 뒤늦게나마 초량교회에서 열린 구국 기도회를 통해 회개 기도로 민족의 죄를 참회하고 하늘의 은혜를 구했습니다. 이승만 전 대통령도 이 기도회에 참여한 바가 있었습니다. 이 기도회 중에 들려온 소식이 바로 UN군 참전과 인천상륙작전이었습니다. 전쟁 이후 62년 만에 역사상 전쟁의 참화를 극복하고 오늘날 한반도의 절반인 남한만이라도 선진국의 문턱에 도달한 이 나라를 보면서 나라를 위해 기도했던 사람들이 부르는 애국가의 감화가 같을 수 있겠습니까? "하나님이 보우하사 우리나라 만세" 늦게나마 우리는 하나님의 선하신 도움을 인정해야 합니다. 그러나 더 나아가 할 일이 하나 더 있습니다.

하나님의 선하신 도움을 감사해야 할 일입니다

다시 본문으로 돌아와 에스라의 인도로 바벨론 70년 포로에서 돌아온 이스라엘 백성들이 제일 먼저 한 일이 무엇이었습니까? 본문 35절을 보십시오. "사로잡혔던 자의 자손 곧 이방에서 돌아온 자들이 이스라엘의 하나님께 번제를 드렸는데 이스라엘 전체를 위한 수송아지가 열두 마리요 또 숫양이 아흔여섯 마리요 어린 양이 일흔일곱 마리요 또 속죄제의 숫염소가 열두 마리니 모두 여호와께 드린 번제물이라"
여기 제물 중에 12라는 숫자가 반복되는 것을 유의해 보십시오. 이것
은 이스라엘 열두 지파 전체를 위한 감사의 제사였음을 강조하는 것
입니다.

저는 우리 민족이 두 번의 망국적 위기를 극복하면서 얼마나 하나
님의 구원하심과 보호하심에 대해서 감사하고 있는지를 돌아볼 필요
가 있다고 생각합니다. 불신자들은 몰라서 감사를 드리지 못한다고
합시다. 그렇다면 이 땅을 섭리하시는 하나님을 알고 믿는 우리 성도
들은 이런 감사를 어떻게 표현하며 살아야 하겠습니까? 감사는 단순
히 말의 잔치를 뜻하지 않습니다. 감사는 책임입니다. 우리가 정말 우
리의 역사 속에 함께하신 하나님의 선한 손길을 감사한다면 우리 민
족을 향한 우리의 책임은 무엇이어야 합니까? 두 가지 책임을 다시
확인하고 싶습니다.

하나는, 민족 복음화의 책임입니다. 시온의 땅에 돌아온 이스라엘
백성들이 민족 전체를 위한 제사를 드린 것처럼 우리 민족 전체가 하
나님을 예배하는 민족이 되게 하는 일에 계속 우리 자신을 드리는 일
입니다. 이 땅에 펼쳐주신 구원의 손길 그것이 바로 하나님의 손길이
었다면 그 손길을 알고 그 선한 손길의 주인 되신 하나님을 예배하는
민족이 되게 할 책임이 우리에게 잊지 않겠습니까? 물론 우리의 선교
적 책임은 이 민족에 국한되어서는 안 됩니다. 그래서 이 여름에도 우
리는 복음을 가지고 모든 민족 모든 족속에게로 땅끝까지 나아갔습

니다. 감사한 일입니다. 그러나 우리의 첫째 선교의 책임은 바로 우리의 예루살렘과 유다 바로 이 땅 이 민족임을 잊지 말아야 합니다. 그런 의미에서 해외 선교 못지않게 중요한 국내 선교 곧 민족 복음화를 위해 땀을 흘리신 모든 성도들에게도 격려를 드리고 싶습니다.

또 하나의 책임은 이웃사랑의 책임입니다. 에스라 8장 첫 부분(1-14절)을 보면 에스라는 각 구절마다 자신과 함께 돌아온 각 지파 각 족장들의 명단을 세심하게 기록합니다. 여기 반복되는 단어가 '함께함'이란 단어입니다. 그들은 함께 돌아와 함께 역경을 극복하며 함께 성전을 세우고 함께 나라를 일으켰다는 것입니다. 처음으로 이스라엘 백성들은 온갖 파벌을 뛰어넘어 진정한 사랑의 공동체가 된 것입니다. 성경이 끊임없이 하나님의 백성들에게 요구하는 또 하나의 책임이 바로 이런 이웃 사랑의 책임입니다. 신약 성경에 보면 예수님은 이 책임을 가장 큰 계명이라고 부릅니다. 네 이웃을 네 몸과 같이 사랑하라는 것입니다. 우리 주변의 가장 연약한 이웃도 내 소중한 이웃으로 끌어안는 민족, 우리 중 지극히 작은 자 하나를 내 지체처럼 돌아보는 민족, 우리가 총을 들고 싸웠던 북의 형제들도 다시 사랑으로 끌어안는 민족, 그래서 속히 이제는 총을 내려놓고 분단의 철조망이 있던 그곳에 함께 평화의 낙원을 만드는 민족이 되어야 합니다.

함석헌 선생은 『뜻으로 본 한국 역사』에서 우리 민족의 마지막 책임을 늙은 갈보처럼 짓밟혀 온 이 민족, 이 수난의 여왕을 이제 엄숙함과 존경으로 머리 숙일 만한 진정 아름다운 여왕으로 만드는 일이라고 말합니다. 함 선생은 자주 우리 민족을 길거리에 나가 앉은 로댕이 조각한 '늙은 창녀'에 비유하고 있습니다. 이 남자 저 남자 무수한 남자들에게 짓밟힌 것처럼 수많은 강대국에 짓밟혀 온 나라, 슬픔과 아픔의 기억밖에 없는 민족. 그러나 로댕이 이 늙은 창녀에게서 엄숙한 미를 발견한 것처럼 우리도 로댕이 되어야 한다고 합니다. 아시아의 대륙에서 태평양으로 나가는 큰 길가에 앉아 천 년 동안 그 비참한 모양을 하고 있는 이 늙은 갈보 앞에, 이 수난의 여왕 앞에 슬픔과 엄숙함과 존경을 가지고 머리를 숙이게 하자고 말합니다.

우리는 그 대답을 압니다. 복음과 사랑만이 그 일을 할 것입니다. 복음의 능력으로 새 피조물이 된 사람들의 나라 그리고 사랑하기 어려운 원수조차 참된 사랑의 이웃으로 바꾸는 민족이 되게 하는 일, 그것이 바로 우리를 보우하사 여기까지 오게 하신 그의 은혜에 감사하는 우리의 진정한 책임의 보답이 될 것입니다.

EZRA

PART 15

참된 회개의
시작

에스라 9장 1-6절, 15절

◆ 에스라 9장 1-6절, 15절

¹ 이 일 후에 방백들이 내게 나아와 이르되 이스라엘 백성과 제사장들과 레위 사람들이 이 땅 백성들에게서 떠나지 아니하고 가나안 사람들과 헷 사람들과 브리스 사람들과 여부스 사람들과 암몬 사람들과 모압 사람들과 애굽 사람들과 아모리 사람들의 가증한 일을 행하여 ² 그들의 딸을 맞이하여 아내와 며느리로 삼아 거룩한 자손이 그 지방 사람들과 서로 섞이게 하는데 방백들과 고관들이 이 죄에 더욱 으뜸이 되었다 하는지라 ³ 내가 이 일을 듣고 속옷과 겉옷을 찢고 머리털과 수염을 뜯으며 기가 막혀 앉으니 ⁴ 이에 이스라엘의 하나님의 말씀으로 말미암아 떠는 자가 사로잡혔던 이 사람들의 죄 때문에 다 내게로 모여오더라 내가 저녁 제사 드릴 때까지 기가 막혀 앉았더니 ⁵ 저녁 제사를 드릴 때에 내가 근심 중에 일어나서 속옷과 겉옷을 찢은 채 무릎을 꿇고 나의 하나님 여호와를 향하여 손을 들고 ⁶ 말하기를 나의 하나님이여 내가 부끄럽고 낯이 뜨거워서 감히 나의 하나님을 향하여 얼굴을 들지 못하오니 이는 우리 죄악이 많아 정수리에 넘치고 우리 허물이 커서 하늘에 미침이니이다

¹⁵ 이스라엘의 하나님 여호와여 주는 의로우시니 우리가 남아 피한 것이 오늘날과 같사옵거늘 도리어 주께 범죄하였사오니 이로 말미암아 주 앞에 한 사람도 감히 서지 못하겠나이다 하니라

15. 참된 회개의 시작

/ 에스라 9장 1-6절, 15절 /

인류 역사에서 역사적으로 가장 큰 논란 가운데 하나는 로마의 쇠망과 멸망의 원인을 논하는 일입니다. 『로마의 쇠망사』를 기록한 에드워드 기번과 우리 시대에 다시 『로마인 이야기』를 부활시킨 시오노 나나미에 이르기까지 세속사가들은 기독교가 한창 번영하던 당시에 이루어진 로마의 멸망에 대해서는 기독교의 책임을 묻지 않을 수 없다는 입장입니다. 그러나 이미 오래전 이 문제에 대한 가장 명쾌한 신학적 변호를 내놓은 사람은 성 어거스틴(St. Augustine)입니다. 서기 410년 야만족 고트족에 의해 거대한 로마가 넘어지는 모습을 목격하며 410년부터 426년까지 무려 13년에 걸쳐 이 문제에 대한 변증적인 책 『신의 도성』을 기록합니다. 당시 이방인들이 로마가 기독교를 국

교로 수용한 이후 이방의 신들을 버린 결과로 로마가 이런 멸망에 직면했다고 주장함에 대하여 그는 성경적이고 신학적인 답변을 시도합니다. 그것이 바로『신의 도성』이었던 것입니다.

한마디로 많은 사람들이 생각하는 것처럼 로마는 신의 도성이 아닌 세속적인 지상의 도성이었음을 그는 증언합니다. 어거스틴에게 신의 도성과 지상의 도성을 구별하는 기준점은 사랑이었습니다. 지상의 도성은 하나님을 멸시하기까지 자기를 사랑함에 의해 만들어지는 도성이라는 것입니다. 반면 신의 도성은 자기를 부인하고 오직 하나님만을 사랑함과 하나님의 영광만을 구하므로 이루어진다는 것입니다. 그러므로 자기 사랑, 자기 교만, 그리고 자기 권력을 정당화하기 위한 불의가 득세하는 도성은 무너질 수밖에 없는 지상의 도성이었던 것입니다. 지상의 도성의 지도자들이 하나님만이 받으셔야 할 권세와 영광을 가로채고 자신들을 예배하고 있는 한, 그 사회와 국가에는 더 이상의 정의가 존재하지 않으며 그런 국가나 사회는 결국 신의 심판의 대상일 수밖에 없었던 것입니다. 그러나 그런 중에도 하나님은 여전히 보이지 않는 당신의 나라, 당신의 도성을 건설하고 계시다는 것입니다.

어거스틴은 피상적인 사회현상이나 종교현상이 아닌 당시 로마의 우상숭배와 교만이야말로 로마 멸망의 뿌리가 되는 원인임을 지적하고자 한 것입니다. 특히『신의 도성』제7권과 제9권에서 그는 자연신학과 마귀 숭배 사상이야말로 하나님을 믿는 신앙을 혼잡하게 함으로 로마의 문화를 퇴폐적으로 만든 원인이라고 지적합니다. 역사 속에 있었던 한 민족 한 문화에 대한 심판의 원인은 언제나 로마의 멸망과 궤를 같이합니다.

에스라가 이스라엘 백성들을 이끌고 시온의 땅에 도달했을 때 가장 큰 놀라움은 이런 하나님의 심판을 초래할 가증한 죄들이 보인 것입니다. 한마디로 그 죄는 이방인들과의 잡혼으로 말미암아 가증한 일 곧, 우상숭배가 만연하게 된 일이었습니다. 오해하지 마십시오. 성경이 국제결혼을 정죄하는 것이 아니라, 이방인이 하나님의 백성들과 연합할 때 죄 된 풍속이 들어와 거룩함을 해치는 것이 문제였습니다. 처방은 무엇이었습니까? 회개하는 일뿐이었습니다. 에스라 9장 전체는 에스라의 회개 기도를 기록하고 있습니다. 그 회개 기도가 민족을 살리는 시작이었습니다.

그렇다면 오늘 우리 민족을 살리는 참된 회개, 어떻게 시작되어야 합니까?

하나님의 말씀에 대한 전인적 응답입니다

본문 4절을 보십시오. "이에 이스라엘의 하나님의 말씀으로 말미암아 떠는 자가 사로잡혔던 이 사람들의 죄 때문에 다 내게로 모여 오더라 내가 저녁 제사 드릴 때까지 기가 막혀 앉았더니" 성경적 회개의 시작은 언제나 하나님의 말씀에 대한 진지한 전인적 반응으로 시작됩니다. 전인적 반응이란 알고 느끼고 결단하는 것입니다. 당시 이스라엘 백성들은 무엇보다 죄를 깨닫자마자 두려움으로 떨기 시작한 것입니다. 그리고 기가 막혀 주저앉았다고 말합니다. 어찌할 바 모르는 거룩한 근심에 사로잡힌 것입니다.

본문 5절에 보면 "저녁 제사를 드릴 때에 내가 근심 중에 일어나서…"라고 기록합니다. 바울 사도는 고린도후서 7장 10절에서 두 개의 유형의 근심이 있다고 말합니다. 하나는 세상 근심이고 다른 하나는 하나님의 뜻대로 하는 근심입니다. 하나님의 말씀을 듣고 일어나는 근심은 하나님의 뜻대로 하는 필요한 근심, 거룩한 근심입니다.

이제 고린도후서 7장 10절을 읽겠습니다. "하나님의 뜻대로 하는 근심은 후회할 것이 없는 구원에 이르게 하는 회개를 이루는 것이요, 세상 근심은 사망을 이루는 것이니라" 이런 하나님의 뜻대로 하는 거룩한 근심을 해보신 일이 있으십니까? 하나님의 뜻대로 살지 못한 자신의 모습을 보고 안타까워 마음을 찢는 근심 말입니다. 옛날 구약의 백성들은 옷을 찢고 수염을 뜯으며 이런 기막힌 고통을 표현했습니다. 본문 3절의 모습처럼 말입니다. "내가 이 일을 듣고 속옷과 겉옷을 찢고 머리털과 수염을 뜯으며 기가 막혀 앉으니" 느헤미야 8장에 보면 조금 시간이 흐른 후에 에스라를 통해 일어난 영적 부흥의 실체를 잘 보여주고 있습니다.

에스라는 우선 율법책인 하나님의 말씀을 백성들 앞에서 낭독하고 설교합니다. 느헤미야 8장 8절입니다. "하나님의 율법책을 낭독하고 그 뜻을 해석하여 백성에게 그 낭독하는 것을 다 깨닫게 하니" 다음 9

절은 그 반응입니다. "백성이 율법의 말씀을 듣고 다 우는지라" 그것은 아마도 통곡처럼 쏟아지는 회개의 눈물로 응답한 반응이었습니다. 참된 회개는 언제나 이렇게 시작되는 것입니다.

예배를 통한 공동체의 공개적 응답입니다

지나간 교회 역사 속에 영적 대 각성, 혹은 영적 부흥이 일어날 때 거기에는 언제나 예배의 자리에서 공개적으로 죄를 뉘우치는 참회의 응답이 있었습니다. 그것은 에스라 시대에도 동일했습니다. 이스라엘 백성들이 날마다 드리는 소위 상번제에서 아침 제사와 저녁 제사 중에 저녁 제사는 좀 더 많은 사람이 모이는 공개적 집회의 성격이 있었습니다. 이스라엘 백성들에게 저녁은 새로운 하루의 출발이기도 했습니다.

본문 5-6절에 보면 에스라의 공개적인 참회가 시작됩니다. "저녁 제사를 드릴 때에 내가 근심 중에 일어나서 속옷과 겉옷을 찢은 채 무릎을 꿇고 나의 하나님 여호와를 향하여 손을 들고 말하기를 나의 하나님이여 내가 부끄럽고 낯이 뜨거워서 감히 나의 하나님을 향하여 얼굴을 들지 못하오니 이는 우리 죄악이 많아 정수리에 넘치고 우리 허물이 커서 하늘에 미침이니이다" 한 민족 참회의 진정성은 누군가 한 사람의 진지한 회개로 시작되는 것입니다. 과거 이 땅에 있었던 평양 대부흥도 마찬가지였습니다.

1907년 평양 대부흥도 당시 1월 2일부터 15일까지 장대현 교회에서 열린 도사경회 중 박용규 교수의 책『평양 대부흥 이야기』에 보면 1월 14일 저녁 집회에서 길선주 목사가 설교하며 1년 전 세상을 떠난 자기 친구가 죽기 전 아내 대신 재산을 정리하여 달라는 부탁을 받고 일을 처리하다 돈을 사취했다는 공개적인 자복이 부흥의 단초를 제공한 것이라고 증언합니다. 그날 길선주 목사는 이렇게 말했다고 합니다.

"나는 아간과 같은 자입니다. 나 때문에 하나님이 축복을 주실 수가 없었습니다. 나는 미망인의 재산을 관리하다 미화 100불 상당의 금액을 사취했습니다. 나는 하나님의 일을 방해해 온 것입니다. 내일 아침 그 돈 전액을 미망인에게 돌려 드리겠습니다."

그날 길선주의 회개는 마치 뇌관에 불을 붙인 것처럼 청중들 가운데 성령의 강력한 역사로 나타났고 그해 전국을 휩쓴 대부흥의 시작이 된 것입니다. 오늘도 우리의 예배가 부흥의 현장이 되려면 자신을 돌아보고 우리 모두 하나님 앞에서 우리의 죄를 직면하고 주께 자복하고 용서를 구하는 진지함이 회복되어야 합니다. 내가 살면 가정이 살고 교회도 살고 민족도 살아나는 것입니다.

'남은 자들'에 대한 긍휼을 구하는 기도입니다

본문 에스라 9장의 마지막 구절의 에스라의 기도를 함께 읽습니다. "이스라엘의 하나님 여호와여 주는 의로우시니 우리가 남아 피한 것이 오늘날과 같사옵거늘 도리어 주께 범죄하였사오니 이로 말미암아 주 앞에 한 사람도 감히 서지 못하겠나이다 하니라" 여기 '남아 피한 자들'이란 말이 나옵니다. 그동안 하나님의 심판의 시간 속에서도 포로 생활 속에서도 남은 자들이 있어 거룩한 백성들의 정체성을 지켜 왔는데 지금 그들마저 범죄한 것을 알고 회개하며 주의 긍휼을 구하는 것입니다. 여기 '남은 자들'이란 말은 영어로 'the remnant' 히브리어로 '쉐아르(shear)'입니다. 남은 자는 언제나 역사의 그루터기와 같은 자들입니다. 하나님은 시대마다 아무리 그 시대가 부패하고 어두워져도 남은 자들을 남겨 두셨다가 그들을 통해 하나님 나라의 역사를 진행하시는 것입니다.

스바냐 3장 12-13절의 말씀을 보겠습니다. "내가 곤고하고 가난한 백성을 네 가운데에 남겨 두리니 그들이 여호와의 이름을 의탁하여 보호를 받을지라 이스라엘의 남은 자는 악을 행하지 아니하며 거짓을 말하지 아니하며 입에 거짓된 혀가 없으며 먹고 누울지라도 그들을 두렵게 할 자가 없으리라" 그런데 주께서 보호하고 남겨 주신 자들, 그 남은 자들마저 부패하여져서 악을 행하고 거짓을 행한다면 역사에 소망이 있겠습니까? 성경에 '남은 자(the remnant)' 사상이 처음 등장하는 것이 노아 시대였습니다. 하나님은 노아의 시대에 온 세상을 홍수로 심판하시면서도 노아 가족을 남기셨습니다. 그들을 통해 하나님의 구속사적 경륜을 이 땅에 펼쳐 가기 위한 것이었습니다.

창세기 7장 23절에 보면 "오직 노아와 그와 함께 방주에 있던 자들만 남았더라" 성경에 이때부터 남은 자 사상이 등장합니다. 남은 자들에 대한 마지막 예언은 로마서 9장 27-28절에 등장합니다. "또 이사야가 이스라엘에 관하여 외치되 이스라엘 자손들의 수가 비록 바다의 모래 같을지라도 남은 자만 구원을 받으리니 주께서 땅 위에서 그 말씀을 이루고 속히 시행하시리라" 남은 자들은 언제나 역사의 마지막 소망, 마지막 잎새 같은 존재들입니다. 아무리 세상이 어두워도 남은 자들이 있으면 우리는 역사의 새 희망을 말할 수 있습니다. 그래서 에스라는 이 남은 자들에 대한 선처를 간구하는 것입니다.

그렇습니다. 지금도 하나님은 이 땅에서 남은 자들을 찾고 계십니다. 우리가 엎드리어 죄를 자복하고 주의 긍휼을 참으로 구할 수 있다면 역사는 아직 희망을 거둘 필요가 없습니다. 그때 우리는 예레미야 선지자와 더불어 고백할 수 있을 것입니다. 예레미야애가 3장 22절의 말씀을 기억하십시다. "여호와의 인자와 긍휼이 무궁하시므로 우리가 진멸되지 아니함이니이다" 그렇다면 역사의 소망은 남은 자들이 남은 자답게 하나님의 소명을 감당하기 위해 남은 자들의 죄를 먼저 회개하며 주의 긍휼을 구하는 것입니다. 어떻습니까? 저와 여러분이 남은 자가 될 수 있을까요? 남은 자의 회개, 이것이 바로 역사의 구원이요 소망입니다. 그들의 회개는 그들 자신을 구원할 뿐 아니라 그가 사는 시대와 민족을 구원할 것입니다. 역대하 7장 14절의 약속의 말씀을 함께 기억했으면 합니다. "내 이름으로 일컫는 내 백성이 그들의 악한 길에서 떠나 스스로 낮추고 기도하여 내 얼굴을 찾으면 내가 하늘에서 듣고 그들의 죄를 사하고 그들의 땅을 고칠지라"

성 어거스틴이 무너져 가는 로마를 보면서 영원한 로마, 새로운 로마, 하나님의 도성을 꿈꾸었던 것처럼 지금이야말로 우리가 다시 하나님이 다스리시는 도성을 꿈꿀 때입니다. 어거스틴은 자기 사랑이 로마를 무너뜨린 것으로 보았습니다. 그것이 지상의 도시의 운명입니다. 그러나 하나님의 도성은 자기를 부인하고 하나님을 사랑하는 사람들에 의해 건설될 것입니다. 회개는 그 새로운 시작입니다. 회개만이 하나님의 나라를 우리에게 가져다줄 것입니다. 우리가 회개하면 우리 가정에 하나님의 나라가 임하고 우리가 회개하면 우리나라에도 하나님의 다스림이 시작될 것입니다. 그때 우리는 나그네로 이 땅을 살면서도 지금 여기서도 하나님의 도성을 경험하게 될 것입니다. 그래서 우리는 기도합니다. "나라가 임하옵시며"

EZRA

PART 16

아직 희망이
있다

에스라 10장 1-4절, 44절

◆ 에스라 10장 1-4절, 44절

¹ 에스라가 하나님의 성전 앞에 엎드려 울며 기도하여 죄를 자복할 때에 많은 백성이 크게 통곡하매 이스라엘 중에서 백성의 남녀와 어린 아이의 큰 무리가 그 앞에 모인지라 ² 엘람 자손 중 여히엘의 아들 스가냐가 에스라에게 이르되 우리가 우리 하나님께 범죄하여 이 땅 이방 여자를 맞이하여 아내로 삼았으나 이스라엘에게 아직도 소망이 있나니 ³ 곧 내 주의 교훈을 따르며 우리 하나님의 명령을 떨며 준행하는 자의 가르침을 따라 이 모든 아내와 그들의 소생을 다 내보내기로 우리 하나님과 언약을 세우고 율법대로 행할 것이라 ⁴ 이는 당신이 주장할 일이니 일어나소서 우리가 도우리니 힘써 행하소서 하니라

⁴⁴ 이상은 모두 이방 여인을 아내로 맞이한 자라 그 중에는 자녀를 낳은 여인도 있었더라

16. 아직 희망이 있다

/ 에스라 10장 1-4절, 44절 /

●

이 지구상에는 희망이라는 단어를 모르는 수많은 어둠의 도시, 어둠의 마을들이 존재하고 있습니다. 그런 도시 중 하나가 과테말라 산악지대에 위치한 작은 도시 '알모롱가'였습니다. 이 도시는 산악도시의 수호신, 마시몽(Maximon)을 섬기는 우상의 도시였습니다. 성인 남자들은 대부분 알코올 중독자들이었고 도시는 늘 폭력과 살인, 범죄, 거지들과 고아들로 넘쳐나고 있었습니다. 인구 2만의 작은 도시에 술집만 36곳이었고 교도소가 4개나 있었지만, 그것으로 감당할 수 없어 교도소는 언제나 만원 대기 중이었다고 합니다.

그런데 1974년, 이 도시에 살던 본래 형식적 가톨릭 교인이었던 리스카흐체 마리아노라는 한 사람이 복음을 전해 듣고 예수 그리스도를 영접한 후 복음만이 희망이라는 생각으로 헌신하고 목사가 되어 갈보리 교회를 개척합니다. 그리고 그는 이 도시민들을 위한 회개 기도와 중보기도를 시작합니다. 매주 정기적으로 금식하며 도시의 변화를 위해 간절히 기도하기 시작합니다. 그리고 그는 기도 중 어느 날 이 도시를 점령하고 있는 악한 영들과의 영적 전쟁을 선포합니다. 그때부터 심상치 않은 변화의 조짐이 여기저기서 일어나기 시작합니다. 이 도시인들은 처음으로 이 도시에도 희망이 있다는 생각을 하기 시작합니다. 복음이 희망을 가져오기 시작한 것입니다.

에스라가 바벨론 포로지에서 시온의 희망을 설교하며 함께 돌아온 조국에서 발견한 것은 하나님의 말씀을 거스르고 있는 참담한 백성들의 죄악의 모습이었습니다. 기가 막혀 주저앉을 수밖에 없는 절망적인 시온의 현실이었습니다. 실제로 지도자 에스라는 주저앉아 버렸습니다(스9:3-4). 그런데 이 기막힌 현실 속에서 한 사람의 목소리가 들려왔습니다. 이 사람의 목소리는 그날 성전 뜰에 모인 사람들을 대표한 고백이었을 것입니다. 본문 2절의 말씀입니다. "엘람 자손 중 여히엘의 아들 스가냐가 에스라에게 이르되 우리가 우리 하나님께 범죄하여 이 땅 이방 여자를 맞이하여 아내로 삼았으나 이스라엘에게 아직도 소망이 있나니"

엘람 자손은 바벨론에서 이스라엘 백성들이 귀환할 때 첫 번 그룹에 속한 가문이었습니다. 잡혼과 관련된 범죄는 주로 이 그룹에 속한 사람들에서 발생한 것이었습니다. 그러나 그중에 한 사람이 일어나 참회하며 그들 중에 아직 희망이 있음을 선포한 것입니다. 무엇이 희망이란 말입니까?

우리가 아직 희망을 기대할 수 있는 이유는 도대체 무엇 때문입니까?

진지한 회개가 시작되었기 때문입니다

본문 1절이 그것을 우리에게 증명해 주고 있습니다. "에스라가 하나님의 성전 앞에 엎드려 울며 기도하여 죄를 자복할 때에 많은 백성이 크게 통곡하매 이스라엘 중에서 백성의 남녀와 어린 아이의 큰 무리가 그 앞에 모인지라" 그때 그들의 회개가 진지한 것이었다는 것은 그들의 눈물이 증명하고 있습니다. 그들은 울며 기도하고 있었고 그것은 마침내 백성들의 큰 통곡이 되었습니다. 단순히 그들이 울고 통곡했다고 그것이 진지한 회개가 되는 것은 아닙니다. 인간은 어떤 정서적 분위기에 사로잡히면 얼마든지 감상적이 될 수 있고 눈물을 흘릴 수 있는 존재입니다. 그러나 오늘의 본문은 그들이 그냥 감상적으로 눈물 몇 방울 흘린 것이 아니라, 죄를 자복하는 중에서 눈물을 흘리고 통곡했다고 증거 합니다.

그렇습니다. 성경적 회개의 진수는 죄를 직면하는 것입니다. 자신들의 죄를 하나님의 임재 앞에서 직면하고 괴로움으로 엎드려 울고 통회한 것입니다. 우리의 죄는 하나님의 거룩하심을 더럽힌 것입니다. 하나님의 백성으로 하나님의 종으로 마땅히 거룩한 삶을 살아야 함에도 불구하고 그렇게 못함으로 거룩하신 하나님을 거스르고 하나님을 실망시킨 그 죄들을 통회하고 있는 것입니다.

역사적으로 하나님의 부흥을 경험하고 교회가 이 세상을 향해 거룩한 영향을 끼치던 시절에 거기에는 언제나 하나님의 백성들의 진지한 회개가 있었습니다. 그리고 그런 시대에는 믿지 않는 사람들에게 비록 그들이 믿지는 않을지라도 교회에 대한 경외심이 있었습니다. 그러나 교회가 세속화되고 성도들의 믿음의 삶이 피상적으로 흐르고 교회가 세상의 조롱거리가 되고 있을 때에는 예외 없이 하나님의 백성들이 회개를 망각하고 있을 때였습니다. 지금이 바로 그런 때가 아닌가 싶습니다. 죄는 언제나 있었고 타락은 인간의 삶에 아주 보편적인 징후입니다. 그러나 시대를 깨우는 소위 영적 각성이 일어날 때 거기에는 언제나 하나님의 백성들의 죄에 대한 진지한 회개가 일어나고 있었습니다. 그러므로 우리가 회개하고 있다는 것은 아직 우리에게 희망이 있다는 증거입니다. 그러나 우리가 우리 자신을 성찰하는 것을 포기하고 살 때 그때 우리는 더 이상 아무것도 기대할 수 없는 것입니다.

대개 불치병이라고 알려진 암은 우리가 증세를 자각할 때는 때가 이미 늦은 경우가 많습니다. 그러나 잘 살피면 소소한 증세는 이미 우리의 신체에 나타나고 있는 경우들이 대부분입니다. 그것을 우리가 평소에 살피기를 게을리 하고 무감각하게 사는 것, 그것이 가장 위험한 삶의 징후인 것입니다. 그래서 정기적인 건강검진이 필요한 것이 아니겠습니까?

우리가 잘 아는 시편 139편 23-24절의 말씀은 일종의 시편 기자의 자가진단의 고백입니다. "하나님이여 나를 살피사 내 마음을 아시며 나를 시험하사 내 뜻을 아옵소서 내게 무슨 악한 행위가 있나 보시고 나를 영원한 길로 인도하소서"

영어성경에는 영적 자가진단의 중요성을 증언하는 단어 3개가 출현합니다. 'search', 'know', 'try'입니다. search me(나를 살피시고), know me(나를 알게 하시고), try me(나를 시험하사, 검증하사). 마치 X-ray 방사선으로 내 신체의 조직을 살피듯, 시편 기자는 하나님의 임재의 빛 앞에서 자신을 발견하게 해달라고 기도합니다. 그래서 내가 마땅히 가야 할 그 영원한 길로 가게 해달라고 기도합니다. 그리고 이 진지한 회개 기도와 함께 그는 벌떡 일어나 하나님의 거룩한 길로 달려가는 것입니다.

그렇습니다. 참되고 진지한 회개 기도는 하나님 앞에 먼저 엎드리는 것입니다. 그리고 하나님 앞에 불경했던 모든 것을 내려놓고 이제는 하나님을 향하여 내 인생의 방향, 내 존재의 향방을 180도 돌이키는 것입니다. 모든 죄는 세상을 향해 추파를 던지고 세상적인 것들, 육체의 정욕과 안목의 정욕과 이생의 자랑을 구하는 과정에서 발생한 내 어두운 탐욕임을 깨달아야 합니다. 그리고 이 모든 욕심을 떨쳐 버리고 일어서 오직 한 분 거룩하신 하나님만이 우리의 소망임을 알고 내 삶의 지향점을 근본적으로 돌이키는 것, 그것이 바로 진지한 회개인 것입니다.

회개를 행동으로 옮기고 있기 때문입니다

진지한 회개는 감상적인 뉘우침에서 머물 수 없다고 언급했습니다. 그래서 진지한 회개는 언제나 전인적인 것, 곧 지성과 감성과 의지가 함께 반응하는 것을 의미합니다. 죄를 깨닫고 아파했으면 이제 그 죄에서 떠나는 의지적인 결단이 필요합니다. 에스라 당시 이스라엘 백성들의 구체적인 범죄는 잡혼 곧 이방인들과의 결혼이었습니다. 오해하지 마십시오. 이미 말씀드린 적이 있습니다만, 성경은 국제결혼을 금하거나 반대하지 않습니다. 요셉과 모세도 이방 여인들과 결혼했지만, 하나님이 그것을 문제 삼으신 적이 없습니다. 다만 가나안 땅에 들어가는 과정에서 가나안의 우상 문화가 하나님 백성들의 거룩한 문화를 더럽히고 우상숭배에 빠지지 않도록 혹은 다시 시온의 땅으로 복귀하는 과정에서 이런 순결함이 더럽혀지지 않도록 일시적으로 잡혼을 금하신 것입니다. 그런데 이 명령을 이스라엘 백성들이 소홀히 여긴 것입니다. 이제 그 죄를 깨닫고 회개하는 것입니다.

2절입니다. "엘람 자손 중 여히엘의 아들 스가냐가 에스라에게 이르되 우리가 우리 하나님께 범죄하여 이 땅 이방 여자를 맞이하여 아내로 삼았으나 이스라엘에게 아직도 소망이 있나니" 여기 아직 소망이 있다라고 선포할 수 있었던 근거가 무엇입니까? 다음 3절을 함께 읽겠습니다. "곧 내 주의 교훈을 따르며 우리 하나님의 명령을 떨며 준행하는 자의 가르침을 따라 이 모든 아내와 그들의 소생을 다 내보내기로 우리 하나님과 언약을 세우고 율법대로 행할 것이라" 에스라 10장의 마지막 부분은 바로 그 결심을 실천에 옮기기로 한 사람들의 명단 곧 회개자의 명단을 기록합니다. 이제 에스라 본문의 마지막 44절을 보십시오. "이상은 모두 이방 여인을 아내로 맞이한 자라 그 중에는 자녀를 낳은 여인도 있었더라"

회개는 때로 뼈아픈 대가 지불을 우리에게 요구합니다. 그래도 해야 합니다. 이런 의지적 결단이 회개를 완성하기 때문입니다.

오늘날 교회 내에서 회개의 기도 소리가 없는 것은 아니지만, 그것이 우리 가정, 우리 교회, 우리 사회, 우리 공동체의 구체적 변화로 이어지지 못하는 원인이 왜 그럴까요? 〈회개〉는 문자 그대로 뉘우치고(회), 고치는(개) 것입니다. 하지만 문제는 우리가 〈회〉만 하고 〈개〉는 하지 않는 것입니다. 의지적 결단을 통해 행동으로 옮기는 변화, 이것이 바로 회개의 절정이요 완성인 것입니다. 우리가 온전히 돌이키면 하나님도 우리를 심판하고 징벌하고자 한 뜻을 돌이키시고 축복의 새 시대를 열어주십니다. 그 대표적인 실례가 요나서에 등장하는 니느웨 사람들의 회개가 아니겠습니까? 그때 니느웨 지도자들과 백성들의 회개는 단순한 정서적 뉘우침의 수준이 아니었습니다.

요나 3장 8절의 그들의 결단을 보십시오. "사람이든지 짐승이든지

다 굵은 베옷을 입을 것이요 힘써 하나님께 부르짖을 것이며 각기 악한 길과 손으로 행한 강포에서 떠날 것이라" 자 이런 회개에 대한 하나님의 반응이 무엇이었습니까? 요나 3장 10절입니다. "하나님이 그들이 행한 것 곧 그 악한 길에서 돌이켜 떠난 것을 보시고 하나님이 뜻을 돌이키사 그들에게 내리리라고 말씀하신 재앙을 내리지 아니하시니라"

그렇습니다. 우리가 돌이키면 하나님도 돌이키십니다. 어둠의 시대는 물러갑니다. 새 시대가 밝아옵니다. 이것이 회개의 축복입니다. 우리가 진지한 회개를 준비하는 자리, 그곳이 바로 희망의 자리입니다. 그러므로 우리가 회개를 위하여 엎드린다면 아직 우리 가정에 희망이 있습니다. 한국 교회에 희망이 있습니다. 우리 민족에게 희망이 있습니다. 아직 희망이 있습니다.

저는 본 서론의 서두에 과테말라의 산악 도시 알모롱가라는 작은 도시에서 일어나기 시작한 변화의 기적을 소개해 드렸습니다. 그 기적은 지금도 계속되고 있습니다. 인구 2만 명에 불과한 이 작은 도시는 50년 전만 해도 그리스도인 인구는 0%였고 마시몽이라는 우상을 섬기는 도시였고 폭력과 알코올로 찌든 도시였으며 이 작은 도시에 교도소가 4개나 있어도 감당할 수 없이 범죄자가 불어나는 도시였다고 언급했습니다. 그런데 이 도시의 변화를 위해 진지하게 기도하던 갈보리 교회의 리스카흐체 마리아노 목사와 그의 교회 회중들은 이 도시 전체를 위한 영적 전쟁을 선포하고 회개의 복음을 적극적으로 증거하기 시작했습니다.

그런데 어느 날 마리아노 목사가 폭력배들에 의해 끌려가게 되었습니다. 양손이 묶여진 그의 입에 한 폭력배가 총을 넣고 방아쇠를 당겨 몇 번씩 발사했는데 이상하게 총은 발사되지 않았고 하나님의 거룩한 임재가 그를 둘러싸는 것을 보자 그들은 도망을 쳤습니다. 그때부터 도시 전체를 바꾸는 놀라운 회개 운동이 일어나기 시작합니다. 34곳의 술집 중 마지막 술집이 2005년 문을 닫았고, 만원이던 4개의 교도소는 모두 폐쇄되고 웨딩홀로 바뀌었으며, 인구의 90% 이상이 주께로 돌아왔습니다.

그리고 이 지역 지하에서 샘이 터지기 시작하고 논과 밭에서 풍성한 농산물을 수확되기 시작했습니다. 이제 과테말라 사람들은 이 도시를 축복받은 교회 도시, 거룩한 도시라고 부르게 되었습니다. 한 마을에 일어나기 시작한 회개운동이 어둠의 도시를 빛의 도시로 바꾼 것입니다. 그때 마리아노 목사가 붙잡았던 말씀이 역대하 7장 14절의 말씀이었습니다. "내 이름으로 일컫는 내 백성이 그들의 악한 길에서 떠나 스스로 낮추고 기도하여 내 얼굴을 찾으면 내가 하늘에서 듣고 그들의 죄를 사하고 그들의 땅을 고칠지라"

그런 기적이 이 땅에도 필요하지 않습니까? 회개는 이 땅의 마지막 희망입니다. 우리가 참으로 주 앞에 엎드리어 회개를 시작한다면 아직, 아직 희망은 있습니다.

너희는 감동하라

ⓒ 이동원, 2023

개정판 1쇄 발행 2023년 2월 1일

지은이   이동원
펴낸곳   압바암마
주소   경기도 성남시 분당구 황새울로 200번길 28, 1104-35호(수내동, 오너스타워)
전화   031)710-5948
이메일   webforleader@jiguchon.org

* 압바암마(abba amma)는 아람어로서 '아빠 엄마'라는 뜻입니다.

ISBN   978-89-98362-30-0 (03230)

• 가격은 뒤표지에 있습니다.
• 이 책은 저작권법에 의하여 보호를 받는 저작물이므로 무단 전재와 복제를 금합니다.
• 파본은 구입하신 서점에서 교환해 드립니다.